放送大学叢書046

私教育再生

すべての大人にできること

私教育再生　すべての大人にできること　目次

「教育」とは何か

「一人立ち＝自立」を忘れた教育の横行

社説：中高年のひきこもり、深刻な実態の把握を急げ

ひきこもりは子どもや若者の問題と考えられてきた。不登校がきっかけで始まり、学齢期を過ぎても延長している人がいることに焦点が当てられてきた。ところが、今は中高年へと軸が移りつつある。親も高齢化し、深刻な困窮家庭が増えていることが懸念される。そこで、政府は40～59歳を対象にした実態調査を行う。（中略）政府が過去2回行った実態調査の対象年齢は15～39歳だ。２０１０年の調査では「学校や仕事に行かない状態が半年以上続いている人」は約70万人。15年は約54万人に減った。ただ、ひきこもりの状態が「7年以上」の人は17％から35％へと増え、長期化と高齢化が進んでいる状況が浮かんでいた。

（毎日新聞、二〇一八年一月一五日、東京朝刊）

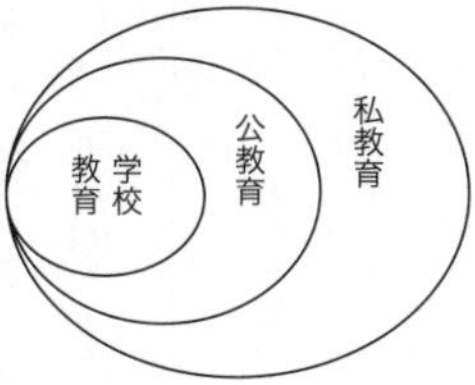

教育
- 私教育（個人的に行っている教育）：家庭教育・私塾・予備校・生涯学習
- 公教育（中央・地方の行政機関＝公権力が責任をもって法的制度として運営している教育）：学校教育（幼稚園・私立学校も含む）や社会教育

図１　私教育と公教育の区別

わたしが本書で主張したいことは、教育の常識を忘れた「公教育」と「私教育」の姿の危うさと、望ましい私教育の復権をめざす社会や政治のあり方を提言することである。

ここで、最初にはっきりさせておきたいことは、教育には公教育と私教育の二つがある、ということだ。公教育というのは、国立（政府・文部科学省が運営する）あるいは公立（地方自治体・教育委員会が運営する）の学校（幼稚園、小学校、中学校、高校、大学、大学院等）と、国公立の学校に準じて運営されている（学校教育法第一条に規定されている）私立の学校での教育を指す。これに対して私教育というのは、私立学校の教育のことではなく、家庭や地域における、個人ないし私的な市民組織が自発的に行っている教育で、家庭教育以外では地域や塾・予備校、フリースクールや各種の専門学校などの各種学校、文部科学省以外の省庁の運営する学校や大学校などでの教育を指す。

「学校」という用語は、公教育と私教育の区別を無視して使われる普通名詞だ。それもあってか教育の専門家や研究者でさえも、この区別をしないで教育を語ることが多く、それがますます教育に関する議論をあいまいで複雑なものにし、正確な理解を困難にしている。本書では、公教育と私教育の区別をしたうえで、教育の議論が公教育にばかり偏っていて、私教育への関心が希薄となり、結果としてその両方がほとんど機能不全に陥っている状況を論じて、読者のみなさんに今後どうしたらよいのかについて、本気で考えていただこうと思っている。

冒頭に「ひきこもり」のことを取り上げたのは、その両方の教育の危機的な状況の一例を示すことがねらいであり、決して「ひきこもっている人は問題だ」と言っているのではない。むしろそういう人を、日本の中都市の人口に匹敵するほどの人数、生み出している日本社会のあり方や大人の意識に、問題を感じているのである。このような人たちを多数生み出している要因は、かなり複雑なものだとされているが、その一因となっている、現在の日本人のもつ、子どもの教育についての常識に、とくに強い警鐘を鳴らしたくて、この問題を取りだしたのである。

わたしはこれまで勤務してきた大学の学生に、社会に出て「教育とは何か」と問われたら、「それは若い世代を一人前の大人にすること＝自立させること」と答えよ、それで基本的に間違いはない、と言ってきた。これは公教育と私教育に共通する教育一般の事実である。

「○○とは何か」という問いは、「事実」を問う場合と「理念」を問う場合の二つがあるが、ここで「子どもを自立させること」という答えは「事実としての教育」を意味している。「自立」の中身は、時代により、国や文化の違いにより異なるが、このとらえ方自体は不変であるといってよい。人類は有史以前から、子どもを生み育てる営みを、他の高等動物と同じように行ってきた。そして、一人前の大人に自立させたら、あとは他者による教育をやめて、親や保護者は手を引き、本人の「自己教育（学習）」に任せたのである。これこそ動物も含めて教育と呼ばれてきた事実ではないか。

ところが最近の教育論議はどうだろうか。「自立」という言葉は見聞きするが、中身の説明のない枕詞として使われているに過ぎず、国は「国家・社会に役立つ人材養成」を声高に唱え、産業界は「グローバル人材・人財の養成」を国にも教育界にも強く求めている。親や保護者は、子どもに向かって、そのような社会的要請に応えた「語学力や起業力に富んだ高学歴な人材」になれと、進学競争に勝ち抜く学力をつけるために、多くの場合、学校以外の進学塾・予備校での勉学を求める、といった状況にある。そのような周囲からの教育への求めを見ると、誰も子どもたちに本気で自立、とくに「精神的自立」を正面から考えているとはいえず、「国家・社会の要請に応えた、実社会・実生活上の優れた資質・能力＝コンピテンシーをもつ〝人材（財）〟の育成」のみに重点を置いた、子どもを国家・社会に依存させようとする教育に、日本人全体が関心を奪われているように思われる。じつは、このような傾向は、これまでのOECD／PISAなどの国際学力調査により、世界的な傾向だということもできるものである。

しかし、ここで言われていることは、あえて教育と言わなくても、「訓練（training）」と言ってもよいものである。なぜなら、能力をつけるだけで、自立を目指してはいないからである。能力をつけるだけなら、コーチングでもトレーニングでもよい。実際、かつて企業が社員に必要な能力を社内でつけさせることを、「企業内訓練」といった時代もあった。その後、「企業内教育」という表現が使われるようになったが、この用語は単なる技能訓練のみでなく、知育を含めた幅広い能力育成を指す言葉で、決して自立を求めていたわけではない。つまり教育という言葉で、広く能力の質・量の向上を図っていることを示すだけのものであった。現在は訓練という言葉を使わず、教育という用語を使っているのがほとんどであるが、それは教育本来の固有の意味をあいまいにしている。能力育成をしているものであれば、それだけで何でも教育と見なしているわけである。

しかし、能力育成は自立の一部に過ぎず、能力育成だけで終わっているならば教育という言葉の固有の意味はないと言ってよい。訓練、コーチング、教化、洗脳、宣伝、場合によっては調教までも教育という用語の中に含めて、ぼかして(時には偽って)表現し、世間受けを狙っていると言ってよい。今では、こういう漠然とした「教育」の方が世間的常識として通用しており、本来の「教育」固有の意味は忘れられつつあるということである。そうではないだろうか。

たしかに、たとえば成人教育、社会教育、受験教育、専門教育、一般教育で使われるように、教育という用語は、何らかの資質・能力の育成を図る「事実」を意味しており、これまでも非常に広い概念として使われてきているから、そのように理解されても仕方がないと言ってよい。

一方、教育学者は、若い頃のわたし自身を含めて、教育とは人格の完成、全人形成、全面発達、個性の伸長・開花などのために行われるものだととらえている。つまり、望ましい、あるべき教育、「思想・理念としての教育」としてとらえている。最近では正解のない社会的な問題に対する発見・解決能力、創造的能力や探究力などの育成とすべきとされ、つまり「理想・目的」の観点から教育を考えていることが多い。

このような理念としての教育は、人により、時代により、社会によって異なっており、それぞれの立場からかなり自由に打ち出されるもので、その意味ではその人の教育観という「観」(哲学・思想)によって異なってよい性格のものである。

「事実としての教育」は、このような教育観の違いがあっても共通に認められる、基礎的事実を指すものだ。わたしたちは「事実としての教育」が、動物を含めて「一人前(一丁前)の大人にすること=自立させること」であるという普遍的な事柄を、あまり自覚してこなかった憾みがある。

はたしてこれをどう考えたらよいのだろう。少し視野を生物界に広げてみてほしい。ほとんどの高等動物、とくに脊椎動物である哺乳類の多くや鳥類・魚類の一部などは、みな教育によって子どもを大人に近いレベルまで育てて自立させたら、もう親は子どもを巣から追い出してでも自立させている。これが教育と呼ばれるものの普遍的事実だ。

人間も有史以前から教育という事実を営んできた。これが「事実としての教育」の原型だ。自立させることが教育であり、能力形成はそのために必要な一部として行ってきたものだった。ところが、それが見失われてきているのである。わたしは、現状を教育の本来の常識が忘れられた危機的なものと見ている。筆者の親の時代までは、子どもを一人前にする＝自立させることが、自分たちの教育という仕事であって、責任を持ってこれを成し遂げることが、社会的な常識として求められていた。

類似のことは学力についても言える。たとえば、「学力とは何か」と問われるとき、それは通常本当の学力とはどういうものか、望ましい学力とはどういう学力かという意味で問われていることが多い。しかしこれはその人の学力観＝学力についての考え方を問うているのであり、その場合は答える個々人によってそれが異なってよい、と言えるものである。上述の二つに対応させれば、後者の「理念としての学力」を意味している。

しかし、同時に「学力とは何か」という問いは、「事実としての学力」を問うている場合もあるのである。この場合は、どういう能力を学力と呼ぶのかという意味で問われており、答えも、たとえば学校で育てられる能力を呼ぶというように、誰もが一応納得するものである必要がある。そのうえで、その「学力はどのようなものであるべき」か、と問われていると言ってよいであろう。これが「理念としての学力」であり、学力観を問われているのである。

なぜこのような常識が見失われてきたのだろうか。それは、学校という公教育機関の出現によってであるというのが、従来の教育社会学者の指摘であった。学校という教育機関が出現して、子どもを一人前の大人に自立させるのを、家庭や地域社会の保護者や大人に任せるのでなく、とくに近代になって国家（政府）が「公権力によって子どもたちを平等に受け入れ、国家のために役立つ人材（人財）養成を計画的・組織的に行う」ことにより、自立して社会に出るまでは、保護者や地域に代わって学校がその責めを負い、その典型的なものとして義務教育と称する制度をつくったのである。

しかし、その義務教育の学校が子どもを自立させるよりも、上級学校への受験学力を中核とする入試準備教育に終始する傾向を強めてきたのである。その背後には、学歴重視の社会とそれへの対応を求める親や保護者の強い要望があるからである。この常識を変えない限り、本来の「教育」は実行されないであろう。

もちろん一部の学者から、完全に忘れたわけではない、との反論もあると思う。多くの教育関係の文書や書籍の中に「自立」という言葉が見出せるからだ。しかし、現実の教育活動からみて、子どもの自立が実現されているかといえば、自立という用語は単なる建前か、「経済的な自立」だけを意味するに過ぎず、その中身の達成や重要性は、あいまいなままにされてきていることを、どうしても認めざるをえないのではないだろうか。

その結果、現在は行き着くところまで来てしまい、最近はその事実をも忘れて教育の理想・目的を追求し、「社会に役立つ資質・能力の形成」ばかりに一面化してきてしまい、自立の方の能力や意志の形成はほとんど無視されてきたのである。その結果、社会的なマイナスの現象として、思いがけないほど多数の「ひきこもり」の大人を生み出してしまったのではないだろうか。なぜなら、ひきこもりのほとんどは、種々の意味で自立を達成できないまま生活しているからである。

本書は、本来の、固有の意味の教育が公教育にも私教育にも忘れられており、その結果、これからの日本や世界は容易ならぬ時代に入っていくのではないか、そのような困難を生みだしているのは、わたしたち今の大人ではないのか、わたしたちのもっている常識としての教育を、あらためて問い直してみる必要があるのではないか、と考えてみたものである。もちろん、教育が英語の場合のように語源的に「能力を引き出す」とか「寄り添って支援する」といった、思想的・理念的な意味をもつことは大切なことと考えるが、しかし、それ以前に子育てとしての教育という事実の方がはるかに長い歴史を持っており、しかも他の高等動物と同じく自立を目指す活動として、教育をしてきたのである。そのことを、あらためて教育の原点として押さえ、もう一度、教育本来の価値、固有の意味をとらえなおしてみてほしいと思う。

◉第一章

過剰に期待される「公教育」

一 「いじめ」の責任はすべて学校がとる?

いじめの認知件数の小学校での急増と重大事態の増加

いじめ防止対策推進法(以下、「いじめ防対法」と略記)が平成二五年六月二八日に公布されて、約四年九か月が過ぎている。その間、「防止」という言葉とは裏腹に、子どもたちのいじめや自殺は急増している。(中略)

小・中・高等学校及び特別支援学校におけるいじめの認知件数(概数)は過去最多の三二万三〇〇〇件であり、前年度より九万八〇〇〇件も急増している。児童生徒一〇〇〇人当たりでは、二四件と前年度より七件増加している。校種別(括弧内は、児童生徒一〇〇〇人当たりのいじめの認知件数）では、小学校二三万七〇〇〇件（三七件）、中学校七万一〇〇〇件（二一件）、高等学校一万三〇〇〇件（四件）、特別支援学校一七〇〇件（一二件）である。（平成二八年度の文部科学省の「いじめ」に関する調査結果［平成三〇年二月二三日］から）（中略）特に、小学校で多発していることから、小学校入学以前の段階においても、いじめが多発していることは想像に難くない。

（八並光俊「最近の子どものいじめと自殺問題を問う」『教育展望』誌、二〇一八年五月号）

「いじめ」がなくならない。よく見ても高止まりである。実際、学校におけるその件数は、ここ五年ほどはほぼ横ばいであり、三年前に自民党が制定したいじめ防対法によっても、ほとんどいじめ自体は減っていない。何のための立法措置だったのか、と思わざるを得ない。

じつは歴史的に見ると日本でのいじめは、一九八〇（昭和五五）年頃から目立つようになったものである。それまでは体罰が社会的に話題となっており、その数年後からいじめが注目されるようになった。わたしはこのとき、この二つは奥でつながっていると直感した。表立った体罰がなくなる代わりに、教員の子どもに対するその種の言

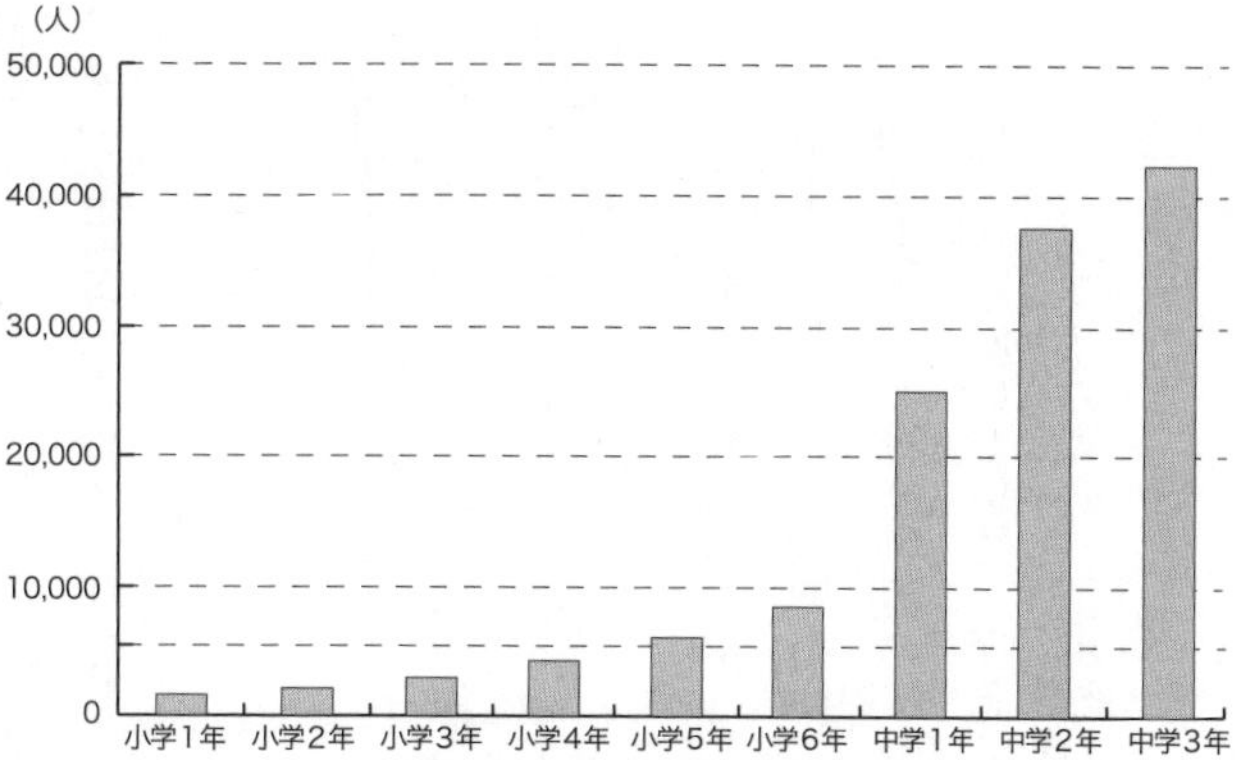

(注)文部科学省「生徒指導上の諸問題の現状と文部科学省の施策について」(速報)2008年8月

図2　国公私立学校の学年別不登校児童生徒数のグラフ

動が子どもの世界に移り、子ども同士で誰かを対象に一層陰険ないじめの形をとっている、と推測したのである。実際、多くのこの種の問題の統計が、一九八〇年からとられている。そして、これがその後の不登校にもつながっているのである。このグラフ(図2)は間接的だが、小六と中一の間の激増は不変であり、それがそのまま「ひきこもり」にもつながっているわけである。

そして、いじめの原因はさまざまだが、それが主として学校の中での出来事として、いじめられた方の子どもの手記などによって明らかにされることにより、学校とその教員が原因だということが、新聞等によって広く伝えられ、その解決も学校・教員が中心になって責任を負うべきだとの通念が広がった。

公教育の舞台となる小中学校で、どこまでの範囲を教育としてカバーすべきだろうか。

校内か校外か

ところで、いじめにも二種類あって、一つは「学校内」のもの、もう一つは「学校外」でのものである。この区別をつけないと、対応を誤ることになる。

いじめの未然防止を推進していく際に、教職員の指導努力だけでは限界があります。とりわけ、最近のいじめでは、スマートフォンを利用したSNSでの不適切な表現、写真や動画のアップロードが引き金となることが多い。これについては、各家庭において、保護者がいじめ防対法や学校いじめ防止基本方針を理解して、わが子の監督や指導を行わなければ効果は期待できない。（八並光俊、同上）

と言われている。

英語で「サイバー・ブリング（cyber-bullying）」という言葉がある。言うならば、インターネットのSNS、たとえばTwitter、LINEやFacebookなどを通して、偽名や匿名で特定の子どもに対して行われる「ネットいじめ」と呼ばれているものだ。これは、身体的な苦痛は与えないが、心理的な苦痛を、長期的かつ反復的に与えるもので、陰険であり悪質である。日本でもこれが急増し、現在高止まっている。

ネットを使って悪口を言ったり仲間外れにしたりするネットいじめが注目されるようになってから一〇年以上になる。いじめ認知件数全体の中のネットいじめの比率の推移を見ると、中学生や高校生で二〇〇七年にピークを迎えた後に減少していたネットいじめが、二〇一三年に急に増え、その後も高水準で推移していることがわかる。（中略）中高生にスマートフォンが普及した二〇一三年以降、LINEやグループチャットの利用が広がり、そこでの中傷等によるネットいじめが自殺という最悪な結果につながっている事例が目だつ。

（藤川大祐「LINE・ネットによるいじめ・自殺の実態と対策」『教育展望』誌、二〇一八年五月号）

ここで専門家の八並氏や藤川氏も指摘するように、ネットいじめが五年ほど前から急増して、学校だけでは到底対応することができない事態が進行している。藤川氏によると、高止まっている数字は、中学校で八％前後、高校で一八％前後である。この数字は、中学校で約一割、高校で約二割のいじめがネットいじめであり、学校だけでは対応できない事例が、一定数必ずあることを示している。

ところがいじめの問題は、ほとんど常に学校の事柄として扱われている。時にはネットいじめであっても、子どもの場合であれば、学校で対応すべきいじめとして扱い、ほとんどその子どもの通っていた学校が言及され、関係の教員が取材を受けている。けれども、ネットいじめは学校の中でおこなわれないことが多い。学校も関係するだろうが、主たる場面はSNSという学校外の場なのである。どうして学校の教員が、あたかも当事者の如くに取材を受けるのだろうか。

もちろん、主たるいじめの場が学校であることは、高校でも八割以上、中学校でも九割以上のいじめが校内で起きていることから明らかである。しかしここで問題となるのは、その対応を考えるとき、校外の関係者を含めたものにしなくてはならない、ということである。ここが往々にしておろそかにされ、学校ないし教育委員会という

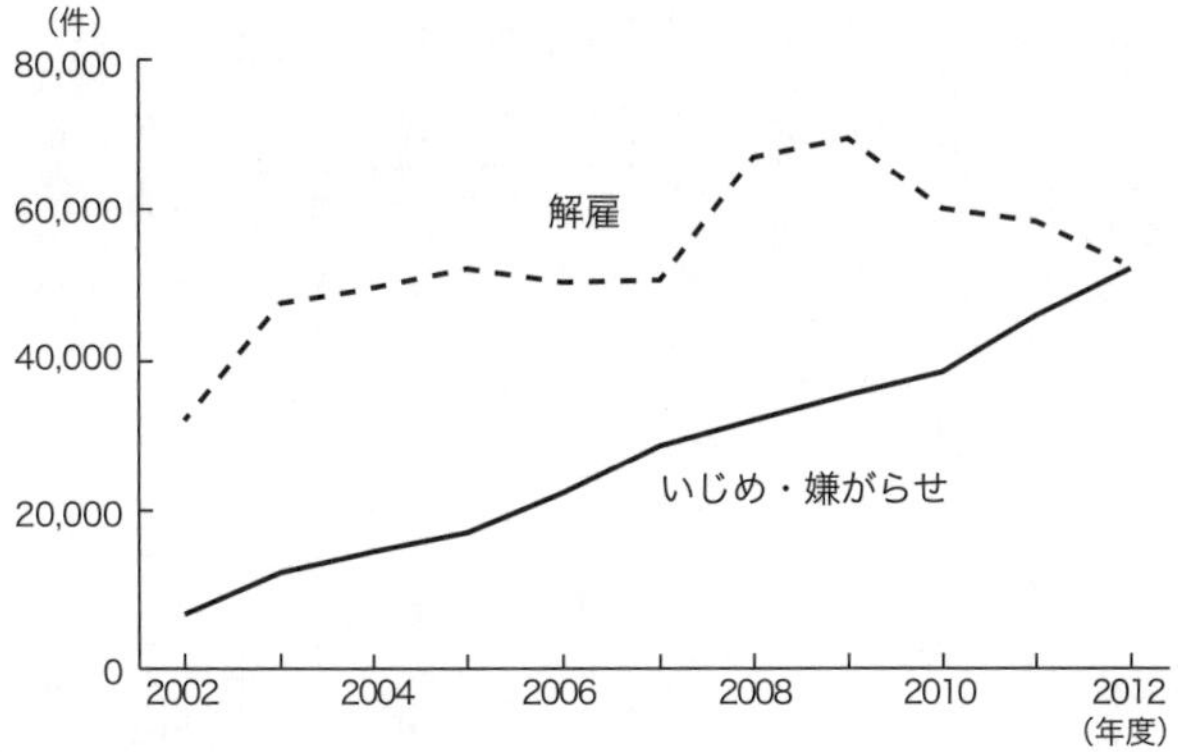

（注）厚生労働省まとめ

図3　個別労働紛争の相談件数

自分たちだけの閉じた組織で対応しようとする、あるいはそうすべきだとする社会的雰囲気が存在するわけである。

ここで図3を見てほしい。これは、企業の抱える問題として、働き方に関する個別の問題の中身を示したものである。やや古いデータだが、趨勢はあまり変わらないと思われる。これを見ると、いわゆる解雇などの古典的な労働問題は、高止まりとはいえ減少傾向にあり、逆にこれまでは隠されていた問題ともいえる、「いじめ・嫌がらせ」というハラスメント（セクシュアル・ハラスメント、パワー・ハラスメント、アカデミック・ハラスメントなど）が右肩上がりに増えている。

企業の人はこれを見て、「実際は、増えて

いるのではなく、これまでも件数はかなりあったが、この種の意識が高まって、外部に訴える人が増えるようになったのだ」と言っていたが、最近の社会問題を見ていると、どうもそれだけではないと思わざるを得ない。意識の問題以上に、事実もたしかに増えていると思われるのである。

ここで何を言いたいのかといえば、一般の大人社会がこのようにいじめを容認し、その件数を増やしているような状況では、子どもたちがそれを敏感に感じ取って、大人のようなことをしても問題にされないだろうと、安易に受け止めていても不思議はないということである。むしろ、学校だけの責任にしている大人社会がこんな状態では、学校の教員がどれほど努力しても空しい結果に終わることが多いのは当然ではないだろうか。

やはり、まず大人が、とくに保護者・親が大人社会のこの種の問題に敏感になり、子どもたちへの影響を真剣に心配しないならば、同じく大人である教員や教育委員会も、真剣にこの問題に向き合わなくなるのは自然なことであろう。

その原因の一つとして、一部の識者は学校の特異な性質を挙げている。学校ではいじめといわれているけれども、中身を聞くと、それは傷害・暴力行為であったり、恐喝、脅迫であったり、一般社会では犯罪に当たるものがほとんどだ。それが学校という教育の場所で行われるためにいじめという言葉にぼかされてしまっている、というのである（内藤朝雄「日本の学校から『いじめ』が絶対なくならないシンプルな理由」二〇一七年二月九日、https://gendai.ismedia.jp/articles/-/50919、二〇一八年九月一五日参照）。

実際、学校が服装、髪型、規律などで、一般社会とは異なる内容を子どもに強制していることは、多くの人の指摘するところだ。学校が一般社会とは異なる場所であるという認識は、日本人の学校観として明確なものであるが、欧米諸国の学校観とは大きく異なる。英米では私学でない限り、ふつう制服はない。このような日本の大人の学校観が変わらない限り、いじめや学校に対する甘い見方が問題を生み続けるであろう。

企業内でいじめ件数が高止まりになっている状況を、大人自身が厳しく反省し、改善していかなければ、決して子どもたちだけが、自分たちだけで目覚しく改善することはできない。教員はその大人の一部として、保護者・親への啓蒙と協力の要請なしに、いじめ対策に効果をあげることはできないと言うべきであろう。

日大アメリカン・フットボール部の問題

いじめ問題について最近話題になったのは、日本大学のアメリカン・フットボール部の一選手の反則行為に対する、日本大学側の態度だった。部員の中でも優秀で日本代表の候補にもなっていた選手が、相手クオーターバックの選手にたいして、この選手が完全にワン・プレーを終えて心理的にも無防備でいたにもかかわらず、審判の目の前で背後からタックルをかけ、怪我をさせたという事件だ。わたしもその映像を見て、何ということをする、ひどい行為だ、と他人事ながら憤慨した。

ところが、それは監督・コーチが指示した、選手本人の意志に反してやらせた行為の一つで、当該選手に対する意図的ないじめないしハラスメントの中で、やらざるをえなくされたもので、他の選手から、その選手が気の毒だと言われる性質の行為だったという報道もあった。監督やコーチは、それによってその選手やチーム全体に活をいれ、力量の向上を図ることが目的だったとしているが、「いじめ」に当たることを、つまりルール違反の行為をハラスメントとして、チームの力量向上のための手段にするというのは、逆に言えば、監督・コーチ自身の指導力量が低いことを意味している。

これが大学の部活動の中での教員の教育の一部だとすれば、教育の意味を取り違えたもので、教育という言葉の固有の意義に反するものである。

しかしテレビ報道の際に、コメンテーターの「学生の部活動は大学の教育の一環なのに」という言を聞いて、何ともいえない違和感をもったのはわたしだけかもしれない。なぜなら大学の部活動は、大学の正規のカリキュラム（教育課程）の中には含まれていないからである。この点は、中学校・高校の部活動が、「教育課程の一部ないし関連するもの」とされていることとの大きな違いである。ところが多くの人は、高校からの延長で考えていて、学生の自主的・自治的な活動の一つで、教員に指導上の教育責任があるものと思っているようである。それがあたかも正式な大学教育の一部であるという見方が、日本の一般社会の方にあることを意外に感じたのである。

アメリカのカレッジ・フットボールの場合は、学生に厳しい要求が課せられていて、学業の方もとくに優遇措置はなく、さらに必ず一定以上の学業成績を上げなければ、部員をやめねばならないことを約束させている。これは学生という「教育を受ける」身分が前提条件であり、そのうえで教員の指導を離れた自分たちの自主的活動として、部活動が位置づけられていることを意味する。その前提がおろそかになるようでは、社会的に通用しないからである。

ところが日本では、学生野球でも、大学対抗駅伝でも、あたかも一般のプロ野球やプロの陸上選手と同じように報道されている。「それによって学生が自立したかどうか」といった教育の成果がどれほどであるかは、二次的な問題としてほとんど話題になっていない。その種のことは、全国で何位とか、何々大会に出たという勝負のことを口にする監督やコーチからよりも、学生自身の言葉として、自分の成長や生き方について、個々人が口にするぐらいであり、指導者側からはかなり軽んじられてきたとの印象が強い。つまり、今の日本の大学の部活動は能力育成を目的にしていて、教育の本来的意義とは合致していない。それなのに、その活動が一般には教育の中に含まれると考えられている。

実際、アメリカン・フットボール部の問題についても、指導者側の意識の低さを問題にするよりも、じつはそれを許してきた社会の側、つまり保護者や親の側に根深い問題が隠れているのではないだろうか。たとえば、中学校の部活動で、保護者や親から顧問の先生に「指導が甘いから、いつも負けるんだ。もっと厳しく指導してほしい」とか、「うちの子は殴ってもいいから、このチームを強くしてくれ」といったような要求を、平気でしてくるケースが決して少なくない。アマチュア・スポーツであっても保護者や親は教育的な関心よりも、勝負が最大の問題であり、勝つための能力育成だけを求める風潮が強いのである。だからこそ監督やコーチの指導に絶対服従することを容認する風土が、日本社会にはまだ根強く残っている。自立よりも依存を求めているのだ。こちらの方が変わらない限り、問題は繰り返されるであろう。

そう考えると、日大アメフト部の起こした問題についても、日大側のいじめないしパワー・ハラスメントに相当するような当該選手への指導を、教育の一環とみなす風土が日大側にもあるとともに、それを暗黙のうちに容認する雰囲気が、その背後にいる先輩・大学関係者、さらに保護者や親にもあるということが容易に推測される。仮に日大側の監督やコーチの指導が教育だとすれば、それが勝つための、あるいは戦う力の向上のためのものだけで終わっていたことが問題なのである。

わたしから言わせれば、監督・コーチの指導によって学生は自立した人間になっていたであろうか。むしろ監督らにますます服従するだけの依存した人間になっており、そこには教育の最終成果は何も認められない。能力育成だけで終わるなら、それは教育の付随的な部分でしかなく、訓練やコーチングだけでも可能なのである。まさに教育本来の最終目的が自立にあることを忘れた、画竜点睛を欠くものだったと言ってよい。

そういう指導を大学側にすべて丸投げで任せてきた、これまでの日本社会（親や保護者など）のあり方が問われているのではないだろうか。大学生ともなれば、もう成人であり、部活動も責任をもって、自治的・自主的に行うものだ。部活とは他者による教育の場ではなく、大学という枠の中の顧問付きではあるが、いわば「自己教育」の場である。

二　モンスター・ペアレントとユーザー主義

ある学生の言葉

中学時代、実際に保護者からの圧力により隣の学級の担任が職場に来なくなってしまったのを目の当たりにしたことがある。保護者数名が「来年は受験なのに入試対策の問題を取り扱っていない」と言いながら教科書の内容に沿い練習問題などをあまり用いなかった教師の授業方法を批判し、しまいには学校に詰め寄った。

わが子の教育に関心を持ち、より良い環境を求めることは当然のことであり、保護者という意識を持つうえで大切なことでもある。しかし、当時中学生だったわたしは「受験を成功させるために学校に通うのだろうか。では学校や塾はそれぞれ何のためにあるのか。」と疑問に思ったことを覚えている。また、保護者側は家庭での教育については棚に上げているといえる。ここに「ユーザー主義」がみられる。

この文章は、数年前わたしが早稲田大学に勤めていたときに、授業に出ていた学生の一人が書いたものである。この学生は、この中で中学生のときにもった疑問について、わたしの授業後に以下のようにも書いている。

第一に、塾は私教育、学校は公教育であり、それぞれ土台から別物であることを、教育を受ける者も受けさせる者も認識すべきである。これらを混同していることが原因でモンスター・ペアレントが現れたり、塾に教育を代行させせようとする間違った認識が生じたりすると考察されるからである。

最近でこそ、「モンスター・ペアレント」という言葉を聞くことはほとんどなくなったが、一〇年程前には盛んに使われたもので、今もその種の親や保護者は決して少なくない。その意味するところは、かつて「教育はサービスの一つである」と述べた小泉純一郎元首相の見方を援用して、学校に対して、教育に関することは、公共的なサービスとして何でも要求することができると考え、何もかも勝手に学校に求める保護者や親たちのことを言っている。当時は「学校は親が利用できるサービス機関であるから、利用者・使用者（英語では「ユーザー（User）」）の言うことを聞くべきものである」という「利用者（使用者）優先主義＝ユーザー主義」が高唱されたのであった。

ここから教育についても、他の公共的サービスと同様に、利用者・使用者である国民の求めることに、全面的に従うべきだとの通念が広がった。小泉政権の政治的バックアップもあり、親や保護者が、王様のように何を要求しても、学校や教員はそれに従わねばならない、という社会的風土が生まれたのである。これは明らかに、学校を企業と同一視して、「消費者は神様である」とする経済界の通念によってとらえさせ、本来の教育や学校の固有性を見失わせたものであると言える。

「モンスター・ペアレント」とは、学校に対して、怪物のように居丈高に襲いかかってきて、あらゆる教育的な要求を突きつけてくる保護者や親たちのことをさして、教育実践家として著名な向山洋一氏が名づけたと言われている。アメリカでは、このような「親の学校へのおせっかい教育」を「ヘリコプター・ペアレンティング」と呼び、自分の子どもの教育について、ことあるごとに学校に口を出してくる親が、どちらかと言えば、子どもの教育に過干渉になっていて、子どもにはストレスを与えて害が及んでいると、話題になっている。ではこれらの保護者や親たちのどこに問題があるのだろうか。

そもそも教育はサービスであろうか。そのような福祉的性格を含んではいるが、サービスとは異なるものだ。つまり、求めに否応なく応えるべきものではないということだ。そのことを端的にあらわす好例をここに挙げてみよう。みなさんはどう思われるだろうか。

わたしが中教審の委員をしていた二〇〇六(平成一八)年のことである。いわゆる「高校の未履修問題」として社会問題になった事件があった。富山県のある公立の進学校の生徒が、自分の受講しなかった科目の成績評価が通知表についていると、教育委員会に申し出た。本来の必修科目の時間に、偽って受験準備のための科目の授業をしていたことが露見したのである。この生徒は学校側の行ったそのような裏の操作を知らなかったため、自分の受けていた授業の成績がついておらず、受けた記憶のない科目の成績がついていると、正直に公けにしてしまったわけである。

この種のことは、当時、受験教育に熱心な私学ではかなり行われているとの噂があったが、その後、受験準備のための裏の授業は、公立学校でも全国的に行われていたことが続々と明らかとなり、必修科目の単位が取れていない生徒が多数出たため、超法規的措置によって収拾策が取られた。当時の文部省が実態について聞き取り調査を行うことになり、全国から一〇校ほどの高校が、教育委員会関係者とともに本省に呼び出された。中教審委員であるわたしもその場で高校側の言い分を直接聞いたのである。すると、そのうちの一校で、かなり遠い地方の進学校の先生の一人が、開口一番、次のように言われた。

わたしたちは決して悪いことをしたとは思っていません。というのも、わたしたちは親御さんたちの希望に応えるために全力を尽くしたのであり、上京するときは、親御さんたちから「先生方、頑張って来てください。わたしたちの要望を聞いてやってくださったのだから、堂々と言い返してきてください。」と激励されてきました。

その後、役人との間で型どおりの質疑応答があった。それも終わりかけたときに、役人の方から「先生、何かあったらどうぞご質問ください。」とわたしに声をかけてきた。わたしは、本省に呼ばれた他の高校や教育委員会が比較的低姿勢であったのに対し、この学校の態度には大きな違和感を抱いていたので、次のように質問した。

あなた方は、保護者や親御さんたちの言うことなら、何でもやるのですか。それなら、もし親御さんたちが「子どもに泥棒の仕方を教えてほしい」と言ってきたら、そうするのですか。そうはしないでしょう。そこでは教育の専門家としての意識が働き、そのような反社会的なことを教えるようなことはしないでしょう。一体、教育の専門家としての自覚や役割はどうなっているのですか。

学校側からは何も反論がなかった。ここに経済の利用者・使用者優先主義、つまりユーザー主義と教育の違いがある。つまり学校教育については、何でもユーザーだから要求できるのではなく、教育の専門家としての教師が法律的枠組みのなかで、公的に求められていることを行っているのである。親や保護者がそんなことをいうはずがない、と言われるかもしれないが、これほど極端なことは言わなくても、「ユーザー主義」であれば、保護者や親の求めなら何でもやらねばならないのである。その結果、本来は家庭で親がするべきことまで学校で引き受けている、という印象がある。

学校、とくに公立学校と、それに準じて教育を行っている私立学校は、保護者や親がサービスを受けるための利用・使用施設ではない。この点をわかりやすく説明するには、この種の学校と学習塾・予備校との違いをみるとよいであろう。しかし後にみるように、それさえもあいまいになっているのである。

三　教師と「部活動」

文部科学省は19日、長時間勤務が深刻な教員の負担軽減策として、全国の公立学校の業務を支える外部人材を来年度、積極的に導入することを認めた。部活動や校内事務作業補助などで7500人を活用する必要経費として20億円規模を予算案に計上する。部活動はとくに負担感が強いとされ、文科省は今春、外部人材が教員に代わり顧問などを務める部活動指導員制度を始めたばかり。重点的な手当てで働き方改革を加速させた。（共同通信、二〇一七年一二月二〇日、電子版）

部活動については、ここ数年さまざまな観点から話題にされてきている。最初に明確にしておくべきことは、部活動は、正規の教育課程の一部である特別活動の中の、クラブ活動と区別されるものであるということだ。ところが実際は、この二つの区別をせず一緒に扱って、正規の教育課程の一部であるかのように思わせている学校がほとんどである。

それにはもっともな理由もある。高校の場合、一九五一（昭和二六）年から設置されていたクラブ活動を、一九七〇（昭和四五）年の学習指導要領改訂で必修化したのであるが、一九八九（平成元）年の改訂でこれを部活動で代替することを認め、一九九九（平成一一）年の改訂でクラブ活動を廃止して、教育課程外の部活動のみとし、二〇一一（平成二三）年の改訂で再び「正規の教育課程の一部とする」ことにした、という経緯があるからである。

つまり、現在は、部活動は「正規の教育課程」の一部であり、子どもたちの自主的な活動・自由参加が原則なのだが、多くの学校が、①温かい交友関係の体験、②個性・興味・関心の追求、③教科学習にはない満足感・達成感など、教育的に大きな意義があるとか、生徒を非行に走らせないようになどという教育上の理由から、ほぼ全員必修にしているのである。もちろん、そのような理由を掲げる学校は――そうしない学校もたくさんあるが――教員が顧問になるのは当然という考えである。

そこで、教員が起こす問題の一つは「体罰」である。これは教員側の指導のあり方や指導方法との関連で微妙な部分を含んでおり、長年、問題になってきたが、とくに生徒の側に自殺者などが出るなどして、大きな社会問題とされた。他の問題は長時間労働で、教員の勤務時間が日本ではいかにも長いので、その軽減措置が必要であるとの声が強まった。勤務時間の中に部活動の指導が含まれていたことが、諸外国にない特徴だったので、それへの対応策として、外部人材の雇用が考えられ、二〇一七（平成二九）年度から「部活動指導員制度」が導入された。しかし、導入の決定通知が新年度の始まる直前の三月一四日だったこともあり、二〇一八（平成三〇）年度に入っても財政的措置が伴わず、ほとんど実施されてこなかったため、文部科学省は国としての財政的補助の必要を感じて、二〇一八年度には上記のような予算を計上し、適切な練習時間や休養日の設定など、部活動の適正化を進めている教育委員会を対象に、部活動指導員の配置に係る経費の一部を国が補助するという「部活動指導員配置促進事業――部活動の適正化に向けて」を開始したのである。

この後者の理由を重視して報道しているのが、以下の新聞報道である。

部活指導に外部人材、教員は授業に集中――働き方改革最前線「公」が挑む

「もっと早く！」「しっかりボール取って」。午後5時、名古屋市天白区の体育館。コーチの声に促され、コートに飛び交うバレーボールを部員が足早に追いかける。指導しているのは教員ではなく、学校用務員ＯＢの若松義則氏だ。「部活動を通じて自分で考え、動き出せる子どもになってほしい」と若松氏は話す。

（日本経済新聞、二〇一七年一二月二一日夕刊）

たしかに、この視点から部活動に関する教員の関り方を吟味することも必要であるが、わたしはそれが公教育の内容として必要不可欠のもので、学校の教員がそれほど重い責任を持たねばならないものなのか、という観点から問題にしたいのである。

わたしも部活動のもつ教育的意義がいかに大きいかを認める。けれども、この種の活動は、主要諸外国のほとんどで学校の外の社会教育機関によって担われている。つまり、教育的意義や価値があることは認めるが、それが学校教育の中で、教員によってでなければ生まれないものとは思わないのである。

もちろん、部活動の教育的意義については、日本の多くの学者や関係者が認めている。とくに、教育学者の中でも教育社会学者の支持が強い。理由は必ずしも学者の間で一致しているわけではないが、総じて学力形成に偏りがちな学校教育が、部活動による人格形成によって補完されていることを高く評価している例が多いように思われる。文武両道だとか、子どもの日頃の姿とは別の面が見られたり、自主性を伸ばす場であるとか、生徒指導上の問題を少なくする場として重要だ、という理由が主なものである。

過去三〇年ほどの間に、スポーツ界や文化的な活動の場として、オリンピックやワールドカップ、その他多くの国際的な大会が増え、とくに学校単位で参加する外部の競技大会やコンクールなどで、少しでもよい成績をあげ、それによって進学希望を叶えることが可能になってきた。そのため、その種の希望が親や保護者の間に高まっている。その場合はどうしても勝利至上主義となり、そのために教員は重い精神的・肉体的な負担を強いられているケースが増えてきた。親や保護者の中には、自分の子どもは教科の成績はよくないが、部活の方で活躍できて、よい成果を挙げられれば進学に有利であるとして、顧問教師に、勝つための指導を強く迫る人も出てくるわけである。

もっとも教員の中には、部活動の方が子どもとの接触も多く楽しいので、「部活の顧問をやりたいから教師になった（あるいはなりたい）」という人もいる。事実現在でも、わたしの大学での授業で「教員になりたい理由」を学生に聞いてみると、三割ほどの学生が「部活の顧問によい先生がいて、自分も部活の指導者になりたい」と答える。とくに体育系の学生は半数以上がそういう理由を挙げるので、あらためて考えさせられている。実際、そういう面で自覚の高い教員は、家を犠牲にしてでも、子どもたちの面倒を見て、活動の成果を挙げていて、それが美談として報道されたりしているが、仮にその教員が自分の教科の授業をいい加減にしているとすれば、これはやはり問題である。教科の方が正規の仕事なのだから。

現行の学習指導要領では、部活動が教育課程の一部として認められたので、以前はボランティアとして無償でおこなっていた教員の仕事が、現在は有償となった。でもその金額はわずかなものである。次の学習指導要領では、外部の人材を顧問にできることになったが、わたしはその方がベターだと思っている。わたしは、部活動は教員の責任による公教育の一部にして欲しくないので、本来は学校の外に出すべきだと主張してきたが、先述のように教育学者の間でも意見が分かれているので、これまでは譲歩してきたのである。今回の外部人材雇用の措置が、部活動を学校の外へ出す第一歩となるよう強く期待している。

四　高校の進学予備校化・大学の就職予備校化

今の学生の「学校」観

学生の作成した「学習指導案」の一部

三　指導観

大学入試において日本史を選択する生徒もいるため、正しい知識を身につけさせたい。そのため、本単元の流れを理解しているか確認する必要がある。教科書やプリントを活用し、律令国家の形成までの出来事の流れや背景、結果について理解させ、自分で説明できるようにさせたい。

ある大学の教職課程（教員を志望する者のためのコース）の、わたしの担当する授業で、学生たちにグループによるプレゼンテーションをさせてきた。グループごとに自分たちの免許教科について、その教育課程を具体化するために、教育観や国家基準の学習指導要領の吟味から、ある授業場面の学習指導案づくりまでを予備的に体験させ、その過程と成果を他の学生の前で発表させ、学生同士で質疑応答させた後、学生たちの相互評定を求めてきた。その学生たちの中で、社会科を免許とするグループの一つによって授業の配布資料に書かれたものの一部が、右記のものだ。そこに「大学入試のため」と明記してあるのを見たのは、これまでのわたしの授業経験の上で初めてのことであった。

そのことについて、学生側からは何も質問が出ず、むしろその記述を前提にして、「入試の時期なのだから、もっとこうすべきではなかったのか」とか「この部分は、大学入試には不十分ではないか」といった質問が出たのには、さらに驚いた。わたしが学生に「君たちは大学入試に受かるために高校の授業を受けてきたのか」と尋ねたら、「そうです」と極めて素直に、自然に答えてきたので、「うーん」とすっかり考え込んでしまった。「それでは、勉強するということは、いかにもさびしいことではないか」と口にしたのだが、学生の誰からも目立った反応はなく、それで何が問題なのかという雰囲気だった。

一体、親や学校の教員は、なぜ子どもたちに学校教育を受けさせているのか、明確な理由を意識して教えているのだろうか。少なくとも公教育の学校では、「一人前の日本の国民として、必要最小限の基礎教養を身につけさせること」を主要な理由の一つにして教育していることは、法律上明らかである。このことを、義務教育を担当している小・中学校の教員はしっかりと自覚し、また子どもたちにも認識させているはずである。

しかし、子どもたちは「一人前の国民＝日本人になるため」という自覚がなく、「上級学校の入試に受かるため」としか考えていないかのようである。この学校段階の教員の内省や自覚が、希薄になっているのではないだろうか。

小・中学校の教員は義務教育という枠組みを自覚しているであろうが、高校教員はどういう枠組みを自覚しているのだろうか。わたしは高校教育という言葉はすっかり受験教育の意味で手垢にまみれてしまっており、その枠組みから意識を脱却させるのは難しいと考えている。そのため、高校での教育は、後期中等教育という発達的観点を入れた、単線型学校体系における正式の呼称を使って、その特質を考えてほしいと中央教育審議会などの場でも述べてきた。

少なくとも、原理的・法律的には、学校教育法において、高校教育の目的・目標は次のように規定されている。

第五〇条（高校教育の目的）

高等学校は、中学校における教育の基礎の上に、心身の発達及び進路に応じて、高度な普通教育及び専門教育を施すことを目的とする。

第五一条（高校教育の目標）

高等学校における教育は、前条に規定する目的を実現するため、次に掲げる目標を達成するよう行われるものとする。

一　義務教育として行われる普通教育の成果を更に発展拡充させて、豊かな人間性、創造性及び健やかな身体を養い、国家及び社会の形成者として必要な資質を養うこと。

二　社会において果たさなければならない使命の自覚に基づき、個性に応じて将来の進路を決定させ、一般的な教養を高め、専門的な知識、技術及び技能を習得させること。

三　個性の確立に努めるとともに、社会について、広く深い理解と健全な批判力を養い、社会の発展に寄与する態度を養うこと。

あらためて、公教育としての高校教育が、この条文にあるような目的・目標をもつものであるとの自覚を、高校教員は明確にもってほしいと思う。これは、義務教育で前期中等教育でもある中学校教育のうえに行われるもの、という基本的性格が明記されている。どこにも、「上級学校への準備教育をする」という目標は記されていない。それは高校教育の矮小化であり、本来の高校教育の役割を忘れさせると思う。

わたしは、その資料を書いたグループの学生たちに、「そんな考えでは、就活で企業の人から、何のために勉強してきたのか、と聞かれた際に、企業の人を失望させるだけだよ」というと、受講生がまだ就活を経験していない二、三年生だったためか、「そんなものかなあ」といった顔をしているだけだった。学生たちは進学校中心に考えているようであるが、高校は何も普通科だけではなく、職業高校もあるではないかとか、少しは学校の勉強を、「自分の人生設計と結びつけて考えている」とか、「将来の職業のために専門的な勉強が必要だと考えている」といった答えを用意してはどうか、と通り一遍の助言をしたが、あまり関心を示さなかった。学校の勉強は、大学入試や高校入試のためにしてきたのであり、それ以外に何も考えたことがない、という雰囲気が教室を支配した。

もちろん、大学入試に無関係の教科・科目のプレゼンの場合は、そのような記述は出てこない。ところが、入試科目であると、これは配慮すべきことと考えられているのである。事実「どうしてこういうことを書くのか」と聞くと、「ここのところはしっかり教えておかないと、塾や予備校へ行っている生徒から、先生、そこのところ入試に出るから、もっと丁寧にやってほしいという要望が出てくるんです。」という答えが返ってきた。つまり、生徒の方から「学校も受験教育をしっかりやってほしい」という声が出てくるので、教員はこれに答えなければならないはずだ、というわけである。加えて、「学校がやってくれなければ、経済的な理由で塾や予備校に行けない生徒にとって差別になる！」という声さえ出た。みなさんはどう思われるか。

高校までの教育が、すべて大学入試に合格するためのものだ、と学生たちが考えているわけではない。実際、教室の雰囲気とは違って、別にこの学生たちの書いた文章の中には、「受験で合格するためだけに勉強しているわけではない」と述べているものがかなりあった。

しかし、では何のために勉強しているのかという疑問に、明確な答をもつ学生がほとんどいないのも事実である。学生たちは、社会から何を求められているのか、という受け身の発想で今の自分たちをとらえており、彼らには、将来社会に出て、どんな能力が求められるのか、想像できていないのである。だから、理系学部の学生が「なんで文系の科目なんか勉強する必要があるのかわからない」とじつにナイーブなことを書いたりしている。現実には企業の人事担当者が、一般教養やコミュニケーション能力がとくに求められると言っているのに、それを知らないでいるのである。「自分は、ある専門部分の技術者としての能力をもっていれば、それで十分なはずだ」と思っているだけでなく、それを「絶対に間違いのない考え」だ、とばかりに断定するのだ。一体どこからそのような断定的な態度がうまれてくるのだろうか。自分の視野の狭さについての内省やメタ認知が働かず、物事を知ることに対して謙虚な態度を示さない。PCなどで手軽に世界中の物事を知ることができる、あるいは自分はそれができているから、という自信からなのだろうか。彼らには「成熟した一人前の大人」が何をしているのか、ほとんど知らないにもかかわらず、そのことに無知だという自覚がほとんどないのである。

しかし、自分の仕事を円滑に進めていくときに、たった一人ですべてを引き受けて行うような仕事は、ほとんどないと言ってよいであろう。あるいは、ある年齢になれば部下ができて、彼（ら）に命令したり依頼したり、あるいは会社の外の種々の企業や官庁などの人間と話し合って、商談を決めたり、うまく断ったりすることが求められる。そのような場合、ただその専門技術の分野の話をするだけでは済まず、時には一緒に食事して、文芸小説の雑談をしたり、スポーツ談義をしたり、音楽の話で趣味が合ったりなど、相手に合わせて相互の信頼を深めることが必要になる。そういうときに、一般教養や文系・芸術系の知識が役に立つのである。そのような人間性の幅の広さが、その人の人間としての信頼度を高めるのである。

学校はこのような意味で、「人間らしさ」の面で幅のある、あるいはバランスのある人間を育て、その国の社会の一員としての国民的な基礎教養や、専門教養以外の普通市民としての常識を身につけさせて、他の分野や世界の人々との円滑な交流ができるようにしているとともに、個々人の個性的な部分を伸ばす機会をも平等に与える場となっているのである。この面で公教育の学校のもつ積極的で独自の役割を見逃すことはできない。しかし、日本の社会は、学校のこの面への役割を正面から評価しない傾向が強まっている。親が高学歴社会に見合う上級学校への進学準備教育に、力を入れるよう求めるのである。

高校の進学希望者への補習は、教員のボランティア活動！

上級学校へ進学するか否か、そしてそのために受験勉強が必要になるか否かは、まったく子どもあるいは保護者個々人の「私的な」問題であり、学校が果たすべき「公的な」義務の問題ではない。それは、別途個々の生徒や保護者が考えるべきことである。

わたしがこういうことをいうと、それは建前の理想論であって、実際の学校ではそうはできない、という声や態度が周囲の教員や生徒から必ず出てくる。しかし、これは建前とか理想だとかいう種類の問題ではなく、法律的な原則の問題である。高校は法律的に上級学校への受験教育を行う義務はないのである。

事実、わたしが高校生のころも、たしかに教員による補習があった。しかし、それは通常、志ある教員がボランティアで、夏休みなどに特別に二週間とか三週間、学校の教室で、受講希望者にだけ教えてくれたのである。これは、当時の学校としては場所の提供を、一部の生徒のために好意的に許してくれただけで、決して高校や教員の義務として行っていたものではない。もちろん、塾や予備校は三〇分も電車で東京などへ行けばあったが、地方の小都市にはほとんどなく、結果的に学校でボランティアの先生に補習してもらうか、自分で受験勉強したのである。当時はこれを誰も、塾や予備校が近くにあり、そこへ裕福な家の子どもは通えるので有利だ、とみて、差別などとは考えなかった。それは学校が受験教育をやってくれるところではないという自

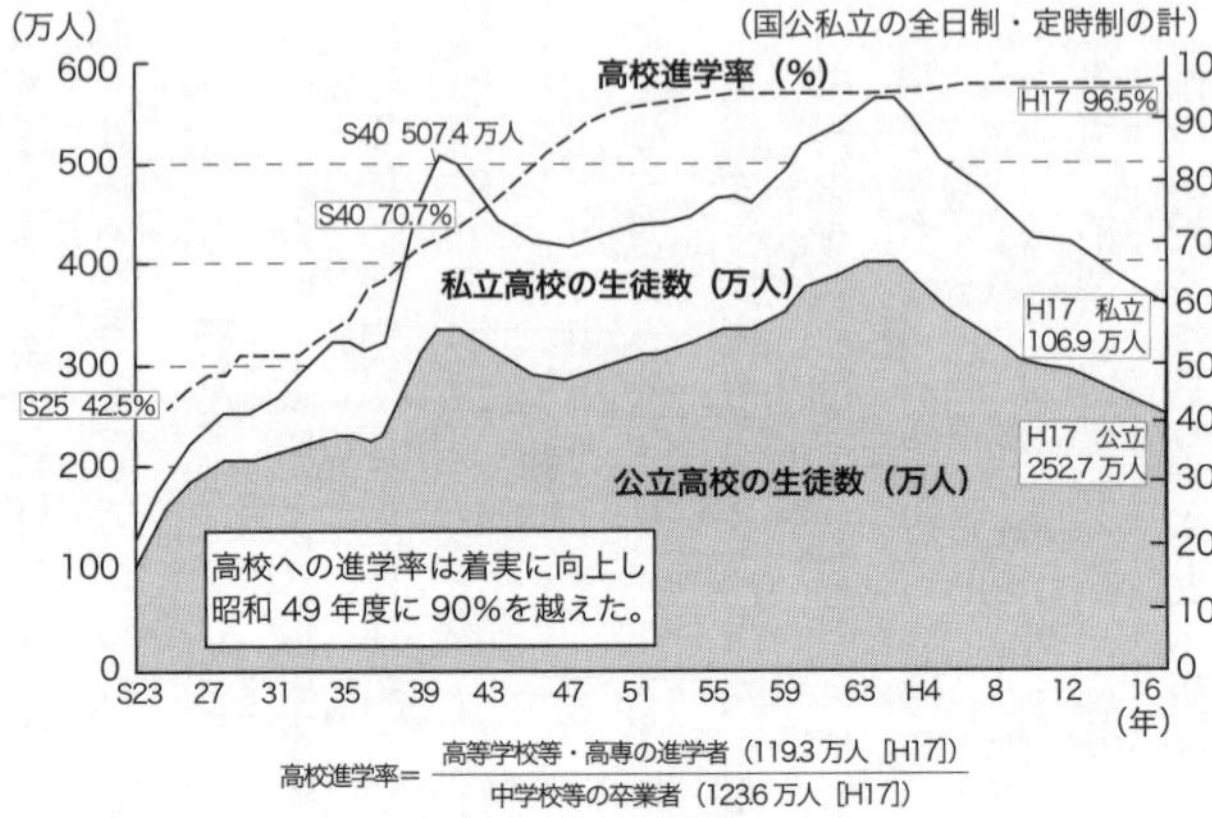

図4　高校への進学率の推移（学校基本調査より）

覚が、生徒にも親にも、また教員にも明確にあったからであるとともに、それが一部の生徒の関心事であり、大部分の生徒は大学進学を考えていなかったからだとも言える。わたしの頃の大学進学率は二〇％ほどだった。

では、一体いつごろから高校は大学準備教育を行うべきところではないか、という通念が、日本社会に広がったのだろうか。わたしの解釈では、高校への進学率が九〇％を越えた一九七五（昭和五〇）年前後からだと考えている。なぜなら、そもそも、そのほぼ一〇年前の一九六五（昭和四〇）年に高校進学率が七〇％を超えた段階で、もう誰もが高校卒の資格でないと就職に不利になるという通念が一般化していたうえ、その後の一〇年で、大学へ進学するには高校卒の資格が必要であり、しかもより有利な就職先や有名企業などには、そのためにとにかく「よい高校＝進学校」に行っておかなくてはならないから、そのためには学習塾や予備校に行くことが必要不可欠だと、多くの親が信じるようになっていた（図4参照）。たしかに、現在のように高校生の六割弱が大学生になるとすれば、「よりよい就職先に行くには、よりよい大学へ入ること」が前提条件になるというのが常識であろう。

しかし、高校で大学入試のために受験勉強をするか否かは、大学進学者の多少によって決まるのだろうか。そうではないということを理解していただかねばならない。

私立の高校の場合などは、進学校という評判を前提に、受験教育を前面に掲げて生徒を募集しているが、だからといって高校教育＝受験教育とみているかと言えば、決してそうではない。一流進学校は「受験教育以上の」青年期の教育をして、多彩な行事や体験、旅行や調査などにより自立を促している。

むしろ、そのあとを追う二流進学校が受験教育オンリーである場合が多いように思う。この種の学校の方が数の上では多数を占めるから、高校教育＝受験教育とみる風潮が強まり、そうしないと生徒が集まらないといった声が、保護者や親のみでなく教員にまで広がっていき、公立学校もそのような雰囲気に流されて、受験教育をしっかりすることが、学校の特色ないし売りになるという意識を当然視するようになりつつあるということではないだろうか。

それなら高校も、予備校や塾になればよいのである。ところが、現実論ばかりが横行して、わたしなどがいう原理的なことは「うるさい、余計なこと」として、無視する態度が望ましいとされているのである。だから、大学生がそういう態度を望ましいとし、原理や論理を言わないほうがよいという態度になっているとも言えよう。はたしてこれでよいのだろうか。

それなら高校教員は、全教科でなくとも、受験科目にかかわる教科目において、受験教育をすることが義務になるのだろうか。もちろん、生徒の求めに「できるだけ応えたい」という教員の気持は、教育者であれば誰もが抱くものであろう。けれども、それは法的には絶対に職務上の義務にはならない。学校教育法にある高校の教育の目的は「高度な普通教育と専門教育を施すこと」であり、それは自立への準備と個性の伸長をめざすものであって、大学進学希望者が増えたからといって、受験教育を義務にするという理屈はどこからも出てこず、また論理的にもそういう理屈はまったく成り立たない。専門高校の生徒で就職する者も現在まだ二〇％弱はいるわけだから、その人たちへ「進学のための受験教育」は不要なはずである。進学希望者が一〇〇％になった場合でも、原則的には、個々の生徒が希望する大学に合格するように準備する義務は、高校の教員にはない。先述の自立への準備と個性の伸長をめざす、後期中等教育を行えばよいのであり、その中で結果的に大学入試に合格することが望まれているのである。わたしがこう言うと、非現実的なことをいう、とこれまでは一蹴されてきたが、今やそのような受験教育が問われ出しているのである。

何のための大学か

かつて親日家のある外国人外交官が、日本の大学生がまるで勉強しないので、「日本の大学はレジャーランドだ」と皮肉ったことがあるが、今や少し別の観点から「日本の大学の専門学校化・就職予備校化」が進んできて、ついに国の大学改革がその方向を容認して、今後の日本の大学は大きく変わろうとしている。

じつは大学生が勉強しないということを、一〇年以上も前に「学生のダブル・スクー

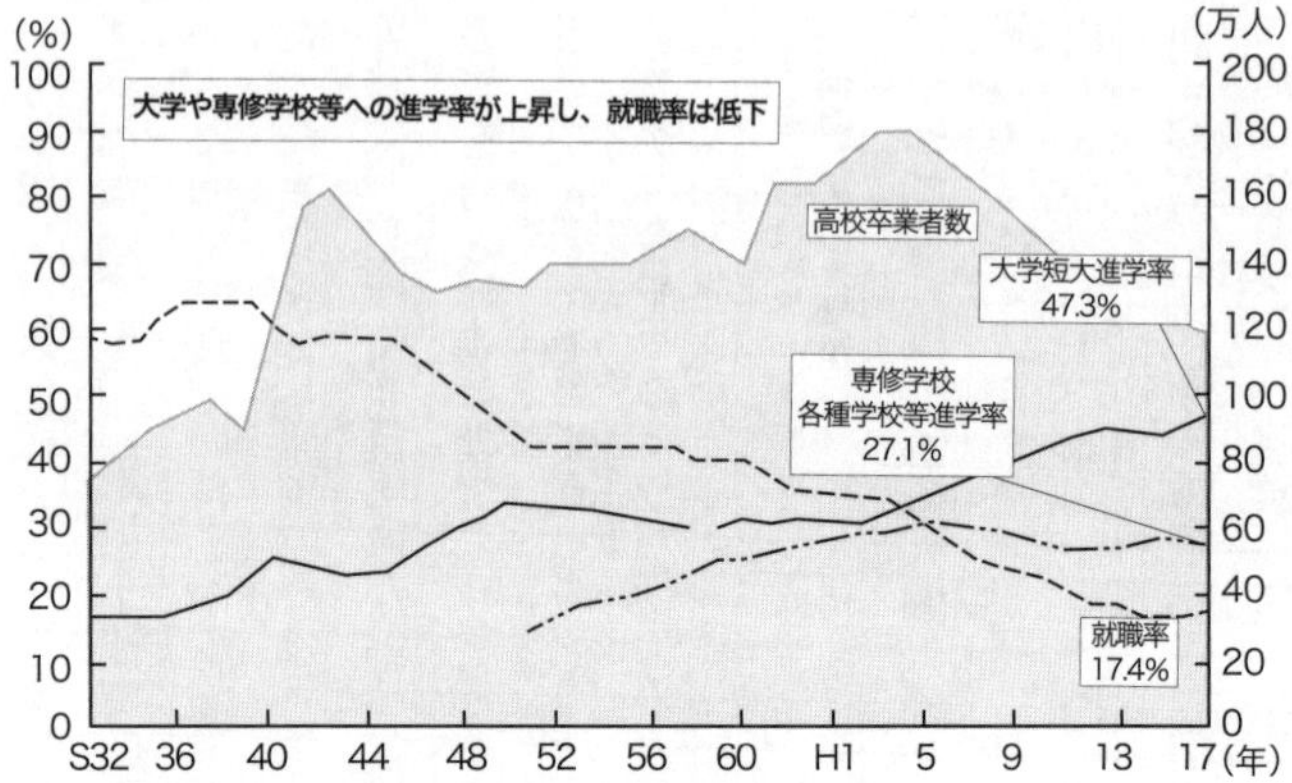

図5　高校の卒業生の進路の推移（学校基本調査より）

ル現象」として、社会的に話題にした時期があった。つまり、学生は大学の授業に一応は出席するが、それが一般教養的であるためか、何のための勉強かわからないといって、より明確な目標となる資格取得のために、空いた時間や宿題の少ないときを利用して、夜間などに専門学校に通う大学生が増えたという現象であった。最近はそれがあまり問題にならなくなったようだが、その理由はそういう余裕が大学や学生になくなったからである。そして、大学も教養部をなくして一般教養科目を減らし、より専門に結びつく専門基礎科目を入学後すぐに学ばせ、専門教養を早めに身につけさせて、勉強の目的意識を明確にさせようとした。しかし、それが必ずしもうまくいかず、今では資格取得に結びつくか否かによらず、より産業界の要請に直接応えるような、専門職業的な学部や学科、カリキュラムを増やすようになって、そういう学生の動きが目立たなくなったのだと言えるのだろう。

このような動向の背景には何があるのだろうか。一つには、学歴社会化が進み、産業界・一般社会が高学歴の者を求める風潮が強まって、大学への進学を促進させるようになったからだと思う。今では大学進学率が、短大を含めると六〇%を越えているから、高卒者の二人に一人以上が大学へ進学している状況である。

もう一つは、とにかくそういう状況の中では、誰もが大学に行かなくては社会的に不利になるという考えが、親や保護者に、また高校生本人にも広がり、「何のために」を問うことなく、大学に行っておかないと就職時の選択肢が狭まる、というだけで進学してくるということである（日本経済新聞、二〇一八年一〇月一日、朝刊）。「こういう仕事に就きたい」とか「こういう専門をもっと深めたい」といった目的が明確でないため、漫然と大学の授業に出ているだけで、授業に意欲が湧かない、そういう学生が増えてきているのだ。

たとえば、一〇年近く前の、次のような早稲田大学の学生の言葉がある。

一流企業に就職をするために、大学へ来たという大学生が多くいて、大学は学問を学ぶ場であるというよりも、もはや就職する上での手段の場とされてしまっている。受験偏重教育を見直すことは同時に「何を学びに大学へ行くのか」ということを考えることであり、その問いに答えられない教員や保護者がいるという現状が、大学の教育力の危うさを物語っていると思う。

このような状況が進行した結果、両手をオープンにしたまま大学に来て、就職先を探すけれども、それを自分では決められない学生が、現在ではほぼ二人に一人だというのである。次の新聞記事を見てほしい。

大学生　親にべったり　少子化＋就職難　影響

・就職で意見に従う45％

・困ったら助けてくれる5割

親離れできない大学生が増えていることが、ベネッセ教育研究開発センターが2012年に実施した調査で分かった。学生生活や就職などで「保護者の意見に従うことが多い」と答えた学生は45・5%に上り、08年の前回調査から4・8ポイント増えた。
（日本経済新聞二〇一三年五月二八日朝刊）

この当時は、少子化に加え、就職難だったからと調査担当者は分析しているが、現在のように就職問題がほとんどない売り手市場になっていても、基本的な趨勢は変わっていないように思う。とくに「お金が必要になったら保護者が援助してくれる」は六四・四%で、「親離れできない学生が増えている様子がうかがえる」と解説されている。

要するに、自分で何とかするという心構えそのもの、自立心の育成が忘れられているのである。同時にそのことは、自分の一生を決めるような仕事について、その就職問題を保護者や教員に決めてもらう学生が、四年生の半分もいるという状況なのである。自分で何も決められない学生が年々増えている傾向では、経済界が心配して、その方面の新聞が記事として取り上げるのも、無理はないと言ってよい。

キャリア教育の重視

そこで最近強調されているのが「キャリア教育」である。これは、学生にもっと職業への意識を高めてもらい、目的意識を持って勉強に励んでもらいたいという願いが背後にある。たとえば、二〇一二年の夏ごろ、文科省の当時の初等中等教育局長だった布村幸彦氏も、次のように発言していた。

今、生徒たちは自分の学力に合った高校に進学しています。しかし、高校進学に当たって「やりたい勉強ができる」からとした生徒は12%、「自分の個性や力を伸ばすことができる」からとした生徒も12%しかいません。「大学受験のため、学力相当の高校に入った」という意識なので、学校での学びが将来の夢の実現や「こういう仕事に就きたいから、今はこういうことを学んでいる」という意識に繋がっていません。そういう点でキャリア教育は重要になってきますね。

（日本フィランソロピー協会『フィランソロピー』誌、No.351、二〇一二年八・九月号）

高校までの教育が、生徒の将来の仕事と結びつかず、ただ上級学校への進学の成否にしか結びつけられていない状態を、政策担当者自身が憂えて、進学本位の普通科高校におけるキャリア教育を重視し始めたのである。

その延長上に平成三一年度から専門職大学の設置が認められ、入学資格については既存の大学入学資格と同様ということから、高校卒業以上ならば、誰でも受験が可能になる。これによって、TVのコマーシャルに出始めたように、専門学校の専門職大学への昇格化の動きが強まるであろうし、分野によってはまったく新たに専門職大学が創設される場合もありうる。産業界の強い要請により生まれたものであるが、一〇年以上も前から中教審でそのような議論があり、当時のわたしは、それが産業界のどれほどの需要によるのか数字を出すよう求めたのだが、ごく一部の産業にその種の高度な専門性を求める職種があるだけだったので、制度化するのは早過ぎると慎重論を述べ、その段階では結論を出さなかった経緯がある。

わたし自身は、その種のものは、高校や専門学校から大学へ編入学する学生もいるので、すでに既存の大学の各学部での育成で十分だと考えていたし、そういう分野はかなり限定されているので、必要とする分野の業界がその種の施設を自主的に創って、一定の経験を経てからの制度化でよいのではないか、という立場だった。今回の「専門職大学及び大学院」の創設は、生涯学習的な観点から、社会人や実務家で、一層新しく高度な専門的知識・技能を身につけたい人が、いつでも、何年でも通える高等教育機関として特色付けられている。

しかし、少子化も進み、企業の労働条件も現行のままで、どれほどの人が応募するのだろうか。主婦層に一定の需要があるかもしれないが、経営が成り立つほどであろうか。これまで専門学校だったのが、何とか条件を満たして専門職大学に格上げしたいという、業界からの強い願いがあったのかもしれないが、はたして大学に値する教育を施すことができるのか、非常に心配である。なぜなら、これまでの既存の大学の条件を意図的に壊す性質のものだからである。従来の「大学」との違いを文科省は次のように言う。

従来の大学は、専門教育と教養教育や学術研究を併せて行うという機関の性格から、比較的、学問的色彩の強い教育が行われる傾向にあります。専門職大学は、特定職種における業務遂行能力の育成に加え、とくに、企業での長期実習や関連の職業分野に関する教育等を通じ、高度な「実践力」や豊かな「創造性」を培う教育に重点を置く点で特色があります。また、長期の企業内実習などを含め、教育課程の開発等を産業界と連携して行う、より実践的な教育を行う仕組みとなっています。

（文部科学省WEBサイト：Q&A「専門職大学等に関するよくある質問」）

この趣旨に則って、その教育内容は、「その専門性が求められる職業に就いている者、当該職業に関連する事業を行う者その他の関係者の協力を得て、教育課程を編成、実施することになっており、産業界等と連携した教育を実施することが義務付けられます。」（文部科学省WEBサイト：「専門職大学等の概要・特色」）と明言されているとともに、実習等の科目が卒業単位一二四単位のうち約三〜四割程度以上とすることも求められていて、これが従来から「大学」と呼ばれるにふさわしい機関なのか、といぶかしく思われるほどだ。

結局、この種の大学は産業界の下請け的教育を行う就職予備校になり、学問の自由や教育固有の自立を促す働きよりも、従順で有能な、その枠内で創造性を認められるだけの学びの場になるだけで、仮に個々人の主体的な生涯学習の機会を与えているとしても、学ぶ側の自由は大きく狭められることであろう。そういう教育機関を大学・大学院と呼んで、従来のものと同一の種類のものと見ることには抵抗がある。

仮に時代的要請として、大学が就職予備校化していくとすれば、研究とくに大学でこそ可能な基礎研究をどこがやることになるのだろうか。やる必要がないという人はいないとすれば、アカデミックな学問研究は大学院でするという方向に進むことになるだろう。しかし、現在までの国の大学・大学院への国家による財政的支援の割合は減りこそすれ、増えてはいない。現在の政権のもとでは、大学への国家の財政支援はOECD主要国でも最低レベルである。今後、国よりも産業界との結びつきで、大学が自らの教育研究の費用を獲得しようとすれば、基礎研究はますます敬遠され、「応用研究」ばかりに投資がなされて、結果的には学問の衰退が顕著になるだろう。すでにその兆候は、種々のデータで示されている。現在の政府の大学政策ははたしてこのままでよいのだろうか。

以上のように、家庭教育的なものから職業準備教育的なものまで、それこそ「こういうことの教育が必要だ」というと、何もかも学校、とくに公教育にそれを求めてきた結果はどうなっただろうか。学校はパンク状態といってよく、さまざまな問題を抱えて機能不全に陥っている。

次期学習指導要領では、小学校に英語科が導入され、また道徳科という「特別の教科」なるものも登場してきて、今や小学校の教員は一一教科に特別活動と外国語活動、さらに総合的な学習の時間という三領域・一時間からなる一四種類の教育内容を教えなければならない状況である。これ以外に生徒指導や給食指導、安全教育や防災教育などの〇〇教育を欠かしてはならないわけで、たとえ専科教員が加配されたとしても、教育課程全体の責任は学級担任の教員にあることに変わりはないだろうから、非常な負担過重ではないかと思われる。

中学校も高校も、このように何もかも教育と名のつく仕事をすべて学校が引き受けさせられているのを見ると、一体、教員はその全部を実行できるのかと疑問に思わざるを得ない。明治以降、日本の学校は伝統的に、先に挙げた布村氏の「知育、徳育、体育のすべてに取り組み、子どもたちをトータル的にしっかり育てるという意識を持っていて、この強みを伸ばしていくことが大事です。」(同上誌)という発言に代表されるように、大部分の教育をよいこととして学校が引き受けてきた。そのような流れを前提に考えると、教員が黙っている限り、何もかも学校が引き受けさせられるかもしれないが、はたしてその成果は一般社会や保護者を満足させるものになると確信できるだろうか。できないからこそ現在多くの問題に直面しているのではないだろうか。

崩されてきた「私教育」

一 「私教育」と「教育のビジネス化＝私事化」との違い

わたしが私教育について話すと、必ず「それは私立学校の教育のことですか」という質問と、もう一つ「それは最近、株式会社が創立した、営利を目的とした学校の教育のことですか」という質問が出る。私立学校の教育については、すでに述べたように、それは現在ほぼ公立学校に準じた教育を行っているので、公教育の中に含まれる。では、株式会社が創立した学校の教育はどうかといえば、その教育の内容が公立学校に準じたものであれば、やはり私立学校と同じ準公教育であって、私教育ではない。

ただし、このような株式会社立の学校は、利益が出なくなれば学校をやめるだろうから、ある意味では予備校や学習塾と同じであり、私教育的性格をもっていると言える。しかし、そのような性格の有無が問題なのではない。

私教育とは、ある個人や組織が自分の意志で自由に行う教育である。そもそも「営利を目的とした教育」はないのであるが、それが盛んに言われるようになったのは一九九〇年代からだ。行政上の話題になったのは、二〇〇一（平成一三）年から二〇〇六（平成一八）年までの小泉内閣の頃の「サービスとしての教育」観、ないし「消費財としての教育」観が登場してからである。

当時はこれを、アメリカですでに進行していた動きとして、専門家は「教育の私事化（privatization of education）」と呼んだ。アメリカの場合はその具体的な形としてヴァウチャーと呼ばれる一種の引換券により、公立・私立の学校の中から、自分の好きな学校を選んで、その教育を購入する際の補助をする、という制度が始められたのである。教育を売買の対象にする考えの根底には営利があるという意味で、私事化を教育の商品化と見なしてもよいと言える。つまり、のちに述べる教育産業化である。

大きな見方をすれば、私立学校の設立も広義の私事化の一側面とみる学者（市川昭午氏）もいるが、わたしは学校法人は営利を主目的とすることは許されていない点で、私事化の中には含めない。まして、私教育を私事化と同一視することもしない。私教育は決して営利を主目的にしてはいない。家庭教育を考えれば、親の子に対する教育は営利が目的ではないことで、それは理解できるであろう。ただ、市川昭午氏のように私事化を、「あらゆる意味で私的なことだから、本人の自由に任されているもの」という広い意味の用語と見なすのであれば、そのようにも言えるだろうが、わたしは私事化を「ビジネス化・営利事業化」として狭く理解したいと思う。

実際、教育の私事化が登場する以前から私立学校は存在したし、学習塾や予備校も存在していたから、私事化に含めなくてもよいと思うのである。つまり、私教育の方は、私事化以前から存在していたものを指していたのである。

私教育とは、家庭教育をもっとも典型的なものとし、営利的要素も一部含まれる可能性は常にあるが、むしろ「建前上、営利・非営利に無関係に行われてきたもの」ということである。このことが重要なのだ。なぜなら私教育は、原初的には家庭教育にみるように、「自然な、大人が子どもを一人前に育てる行為」として生まれたのであり、社会を構成する生物にとっては、生来必要不可欠の行為であったからである。古い世代が新しい世代を育てることに、営利・非営利は元来関係がないからである。人間だから営利をそこに持ち込む発想が生まれたのだろうが、鳥や獣の場合は、そういうものが持ち込まれる可能性はない。それを、最近の経済的観点を優先する風潮では、営利の対象として見るようになったわけであるが、これはゆがんだ発想であり、子どもの方からの教育の見方ではないと言ってよいであろう。

そう考えると、教育を「未来への投資」とみる教育投資論や、「有能な人材づくり」とみる人的資源論、さらには「国家社会の繁栄のため」とみる人材（財）養成論や、「教育はどれほど経済上の効果を生むか」を重視する教育経済学などは、広い意味で営利ないし経済的効用を重視する、大人の都合を優先する人間の考えることである。そのことを、もう少し別の面から考えて見よう。

学校教育以外の教育費は年々増加で平均支出は1万4260円、ソニー生命調べ

ソニー生命は25日、「子どもの教育資金に関する調査2018」の結果をまとめ公表した。調査によると、「子どもの学力や学歴は教育費にいくらかけるかによって決まると感じる」の問いでは、「非常に当てはまる」が17・7％、「やや当てはまる」が47・9％となり、合計した「あてはまる」は65・6％、3人に2人が、教育費の多寡が子どもの学力・学歴を左右すると考えていることがわかった。

「早期の知育や英才教育は子どもの将来のために重要だ」では、「あてはまる」が69・4%と約7割だった一方で、「スポーツや芸術の習い事よりも学習塾に教育費をかけたい」では「あてはまる」は44・6%と半数を下まわった。（中略）

過去の調査と平均支出金額の合計を比較すると、２０１６年１万２４０円／月↓２０１７年１万２５６０円↓２０１８年１万４２６０円と、学校以外の教育費が年々増加していることが分かった。（下略）

（https://ict-enews.net/2018/01/26sony-3/、二〇一八年九月二四日参照）

この記事を読んで、読者の方々はどう思われるだろうか。まず、「学校以外の教育費」というが、これは私教育の費用と考えられよう。それが年々増えているというのである。通常、小・中学校は完全無償教育であるから公費負担であるが、それ以外に種々の学習塾や習い事、家庭教師などに払っている金額が増えているわけである。その理由は、調査結果では「三人に二人が、その金額が学力・学歴を左右すると考えている」からだと言う。

このような私教育費の増加は、本来家庭教育を典型とする私教育の性格からすれば考えられないことだ。保護者や親は自ら無償で子どもを育てているからである。

まさに非常識な話である。では一体、なぜ有償の私教育がこれほど必要になったのか。それは、何よりも高学歴化社会になり、誰もが高校以上の高等教育まで終えようとの希望が高まり、保護者や親は、子どもを幼児期からの早期教育により、少しでもよい就職先に就職できるブランド大学へ進ませようとの社会的風潮が一般化し、二〇〇九年には、大学進学希望者と大学収容者の数が、機械的な数字だけからいえば、ほぼ同数になったことに関係している。現在の大学進学率もほぼ六〇%となり、今では二人に一人以上が大学生になっている。大学に進学するのは、少なくとも職業高校以外の高校生の間では、当然のこととして常識化しつつある。

翻って考えてみれば、大学に進学すれば、高校以後の教育費が増えるのは当たり前であり、よい大学に入るには予備校や進学塾に早くから通わせたいという親の気持ちからすれば、そのための教育費は早くから用意しなければならない。少子化がそれにも影響して、多くの子どもをもつことは、教育費の面から見て避けようとするのが親心となる。結果的に、子ども一人当たりの教育費は、当然増えるといってよい。これが私教育の分野における経費の増加を生んでいるのである。

他方、高校・大学というのは公教育の学校であり、中学校は無償制でも、高校以後は有償制であるから、公教育に必要な教育費も増加するのが当然である。高校や大学の無償制も一部進んでいるが、完全なものではない。この点で、上記に引用した記事は学校教育の公教育費も増えてきていることを、見落としているのは問題である。

総じて、高学歴化社会の到来により、公教育も私教育もともに、国民の自己負担の経費が増大しているのに、社会全体はそれに対する全体的な視野を持たず、これまでの安倍政権の大学を含む公教育支出は、民主党時代よりずっと少ない。この点をほとんど誰も指摘していない。教育の中立性に抵触するような、保守派からの教育の政治的思想教化を強める方向で、中身にばかり口を出し、財政的には「もっとも教育に酷薄な政権」(鷲田清一)と評される政府なのである。

このような社会構造の変化に対応して、公教育のみならず、少しでも私教育に関わる部分を支援する政策こそが求められるのである。

二　松下村塾は「私塾」であった!

吉田松陰

松蔭の教育は、山鹿素行の武士道の感化が大きく、五倫中、忠孝を最重視し、指導も熱誠燃ゆるが如く、気力を充実させ、師弟共に田を耕し、米を搗き、日常の作業の合い間に書を講じ、実践躬行をもって門下生を導いた。（中略）強く旧思想を批判し、人間のふれあいを大切にし、未来を切り拓く教育の実践に徹した生き方に、真の教育者の原型を見ることができる。（今野喜清他編著『新版 学校教育辞典』教育出版、二〇〇三年、執筆者：影山 昇）

日本の教育史の中で、とりわけ日本の近代化に貢献した人物として筆頭に挙げられるのは、吉田松陰であろう。松陰の弟子たちの明治維新前後における活躍は、必ずといってよいほどドラマや小説に取り上げられ、人気を博すものである。その際、松陰が弟子を育てたのが、松下村塾であったことは周知のことで、今でも、かつての長州、今の山口県の萩市に行けば、当時の塾の木造の家が大切に保存されている。元来は松下村塾は叔父の玉木文之進によって開かれたものだが、あのような人物群が巣立っていったとは、にわかには信じられないほどの極めて質素で小さな建物である。そう考えれば考えるだけ、教育は外的条件によらず、そこで教え学ぶ人物如何によることが大きい、と知らされる。もちろん、外的環境がよいことに越したことはないが、絶対条件ではないということである。

実際、多くの人が吉田松陰を非常に優れた教育者であると評価するが、わたし自身も松陰に人間的魅力を感じる。とくに、「弟子たちと共に学ぶ者」という自覚が徹底していたことに驚く。そして、そういう学び合いの中から、日本の独立を守るために、率先して行動したことにおいても特筆すべき人物である。自らは志を果たせなかったにもかかわらず、その弟子たちが行動を起こして、当時の世相を越えて新しい時代を開く原動力となったことは、誰もが認めるところであろう。

しかし、その弟子たちが育てられたのは私塾という私教育の場においてであり、藩校・藩学や幕府の昌平坂学問所や蛮書調所といった、当時の公権力によって運営されていた公教育の場ではなかった。このことは、誰もあまり重要視しないが、わたしの関心からすると重要な意味をもっている。

つまり私教育は、時代を越える人物を育てることができるが、公教育はその時代の公権力の意思を越える人物を育てることはできないということである。端的に言えば、公教育はその時の公権力の体制を維持・強化するために運営されるのであり、その体制を超える社会や時代を生み出す人物は育てられない、ということである。まれに、明治維新初期やロシア革命の初期など、公権力自身が自らを越える体制を求めることがあるが、それは極めて例外的で、通常は長くても一〇年ほどの短期間で終わるものである。この場合、思想的・政治的に公権力が右か左かは無関係である。

そのような観点から考えてみると、日本の近代化は私教育の場である私塾から出発したのであり、国や地方公共団体の公教育の場からではない、という重大な事実に気付かされる。実際、松下村塾があった江戸時代末期にも、多くの漢学塾・蘭学塾など多様な私塾や、寺子屋などといった私教育の場があったことは、日本の教育史において誇るべきこととされてきた。とくに寺子屋の普及は、日本人の識字率を高め、明治以降の公教育化に取り込まれ、その制度化に大きな役割を果たしたからである。

現在わたしたちが、教育の場として公教育の学校に大きく依存している状況は、はたして時代を超える人材・人物を生み出すのだろうか。わたしは、これについては極めて悲観的である。国公立学校は、決してこのような役割を直接的に果たすことはないであろう。似た役割は果たすが、あくまでもそれは、その時の公権力がその存続を図って行うものであり、自らの存在を否定するものではないはずである。その公権力を否定するような教育をしたら、自殺行為だからだ。社会主義国の公教育をみれば、それが教育ではなく、公権力による思想教化であり、社会主義思想以外の思想を学ばないように、思想統制を強固にしていることがよくわかるだろう。右翼的な政権による公教育も同様なことをしていることは明白だ。

わたしは補習塾・進学塾や予備校も、私塾に当たるものであることを知っている。しかしこれらは、わたしの論述の観点から言えば、現在は公教育の補完・補強の役割を負っているのみで、何ら時代を超える進歩的・改革的な役割ははたしていない。むしろ、それだから保護者や一般社会の信用を得ているのかもしれない。しかし、上述の意味では、受験競争が弱まったり、なくなったりすれば、進学塾や予備校はもう不要の存在となる。現にそういう側面が大学入試には明確に出始めている。その原因は「少子化」である。もちろん、一部の有名大学に受験者が集中する傾向は完全にはなくならないが、それでも大分その集中度は弱まるであろう。また、現在の政府の進めている大学の類型化によって、主に国立大学法人は世界的研究大学、専門職（業）大学、地方貢献大学の三つに大別されると、やはり従来の受験競争はかなり様変わりするものと思われる。そう考えると、補習塾はもとより進学塾や予備校もこれまでのような、公教育の補完・補強だけでは済まなくなっていく。公教育の現状を変えていく契機を与える、改革的な役割をあらためて追求していく必要があろう。

「教育機関」と「教育産業」

一般にわたしたちが同じ「学校」と呼んでいるものでも、じつは基本的に性格の異なるものがいろいろと混ざり合っている。大手の学習塾や予備校を学校と呼ぶことは多いが、はたしてそれらを公立学校あるいは私立学校（私学）と同じもの、とみている人はどれほどいるだろうか。まずそういう誤解をしている人はいないと思う。なぜなら、そういう学校を出ても、いわゆる正規の学校に入学・進学したりすることはできないからである。

そのことを端的に表す言葉がある。それは、正式の学校は教育機関と呼ばれるが、予備校や大手の学習塾は「教育産業」と呼ばれることに表れている。つまり、正規の学校は営利を主目的とはしていない。何よりも公立学校は、国や地方自治体の意思のもとに、基本的に法律に従って運営されている公的な機関であり、私立学校も、公立学校が従っている国や地方自治体の基準にしたがって、それに準じる教育をしていれば準教育機関だと言える。

しかし、予備校や学習塾は、そのような基準に制約されずに運営できるもので、経営者が利益を上げられなければ、いつでも閉校・閉塾できるものであり、開校・設立も運営もとくに制約はなく、基本的に自由である。たとえば規模の大小に関係なく、小さな個人経営のそろばん塾や絵画教室、全国的に組織されている算数・数学教室、大手の予備校や種々の専門学校、中学校や高校を出てから通う人が多い栄養専門学校や服飾専門学校などは、すべてほとんど法律的な基準のない、かなり自由に設置・運営できる各種学校としての扱いという点では同じ、私教育の場なのである。

もちろん、各種学校の中にも教育機関と呼ばれてもよいような学校、たとえばインターナショナル・スクールとかフリー・スクールのような学校も含まれているが、それは基本的には、公立学校が準拠すべき法律的基準から自由であり、ほとんどは塾や予備校のように教育産業的性格のものとして営まれているから、利益をあげられなくなればすぐにやめてしまってよい。実際、小泉内閣のとき正規の学校として株式会社立の学校もあってよいのではないかとして、その種の動きが奨励され、何校か設立された。しかし、現在まで運営されている学校はほとんど聞かない。それは利益があげられないという理由が主たるものである。

教育機関であれば、利益を上げられなくても社会的な役割を求められているから、公的な役割がなくならない限り、何とか維持していかなければならないが、教育産業であれば、その義務はない。

また、教育産業の場合、「利用者（User）は神様だ」から、その求めに可能な限り応えなくては営業が続けられない。「教育はサービスだ」といった小泉元首相の真意は、じつは利用者の求めに応じて、民間業者が「学校づくり」に参入して、相互に競争させることで、その教育の質、教育的成果を上げようとしたのである。これはまさに教育を一般の産業と同一視したことによって出てきた発想である。教育界に競争がないことが、教育成果の上がらない理由の大なるものと考えたわけだが、ここが教育機関と教育産業との違いの一つなのだ。競争によって学校教育の質を上げるという発想は、まさに経済の論理をそのまま教育の世界に持ち込む、極めて乱暴なものだと言える。

たとえば、単なるサービスや商品などのようなものは、サービスを提供する側、商品をつくり売る側が、それを受ける、あるいは使う側の求めに完全に応じなければ、決して活動を続けることはできない。

ところが、教育はそれを受ける側、用いる側が、提供する側や売る側とともに、その目標達成の努力をしなければ、教育成果を出すことはできず、両者の協働が必要なのである。実際、子どもの教育の成果を上げるのに、学校と家庭の連携・協力が長年言われてきたのは、そのような事情があるからである。教育をサービスとして買う、消費者のように親・保護者をみることは、原理的にできないのである。もし、すべての教育機関を教育産業に変えてしまい、親や保護者、時には子ども本人が、自分の好きな教育産業に行って、好きな教育だけを購入するのであれば、経済的に豊かな親や保護者が、より多くの質の良い教育を購入して子どもに与えることとなり、大きな教育格差が生じて、たくさんの有能な子どもたちが、経済的な理由でその種の教育の機会を得られなくなるであろう。実際、上述の高校の未履修問題が生じたのは、ほとんど予備校や進学塾が近隣周辺にない地方の進学校においてであった。

筆者も高校で受験準備教育をしてもらった経験がある。しかしそれは、高校の先生方の中で有志の方が、ボランティアでしてくれた補習授業だった。学校は場所を無料で提供してくれていたというわけである。この意味で、当時の先生方は、はっきりと公教育と私教育を自覚的に区別していたわけである。つまり進学問題は公的な学校の問題ではなく、私的な生徒個々人の問題であり、学校・教員側は教育者としての厚意によって、子どもの進路希望を満たしてあげようと努めていただけで、学校があたかもそれを自分たちの義務や責任であるかのように考える発想はなかった、ということである。

たとえ現在、六割以上の高校生が大学進学を希望しているとしても、基本的な教育制度に大きな変更はない以上、現在でも進学問題は学校の公的な問題ではなく、生徒個々人の私的な問題であることを、親も教員も明確に認識しておかねばならない。残念ながら「そうは言っても」と必ず反問するのが、進学校の高校の先生方であることは、よく承知している。現実論によって、ずっと筋を曲げてきて、学校の評判を得てきたからである。

予備校や塾は、私教育の一部であり、保護者や親さらには学習者本人によって、私的に利用される教育産業であり、この意味で公的な責任は負わず、利益が上がらなければ、いつでもやめられるものと言える。この区別は明確に自覚されなければならない。

予備校や塾にも丸投げするモンスター・ペアレント

それにもかかわらず、次のような事実もあるとのことである。これは塾講師をしている学生の一人が話してくれたのだが、要約すれば次のようなことである。

ある進学塾で講師をしていたが、同僚の講師の教室に、塾生の一人の父親が入ってきて、いきなり「もっと受験に直結した授業をしてほしい。こんな授業のために授業料を払っているのではない！」と、その先生に詰め寄ったのを見たことがある、とのことである。その親の子どもの方は、それを見て恥ずかしそうにしていた、という。まさにユーザー主義の考えが如実にあらわれているが、これは進学塾だから、塾や講師の方はそう言われても、直接には言い返せない。しかし、それならば自分で教えるか、子どもを他の塾か予備校に通わせればよいのであり、その父親の個人的要求に応える義務はないわけである。その結果、塾生一人を失い、塾経営上の害が生じるが、教育産業だからそれは仕方がないことと割り切るべきものだ。実際、ほとんどの塾や予備校はそういう自由競争の中で、利益を上げることに努力しているわけである。

わたしがもっと驚いたのは、次のような話だ。やはり塾講師をしていた学生の話である。

あるとき室長から、（中略）現在浮き彫りになってきた問題として、「親が塾に教育を任せ過ぎている」ことが挙げられた。以下ではその中で、わかりやすい事例（として）「朝起きられない子ども」を挙げる。

生徒が宿題をやってこなかったので叱ったところ、親からクレームが入った。「うちの子は休みの日、昼ごろになってようやく起きてきます。塾の課題が終わらないのはそのせいです。宿題を減らすなりして対処してください。」と、朝起きられない問題を塾に押しつけてくるのだ。たしかに、最近の中学生は携帯電話・インターネットの普及率の上昇からか（中略）夜更かしをしがちで、朝型の生活ができていない場合が多い。塾の生徒も例外ではなく、朝に弱い生徒がいる。学校がある場合は強制力があり起きるが、休みの日に起きられない。だが、早寝早起きといった生活習慣のことを学習塾におしつけてくるのはまた別の話だ。一般的な家庭では親がきちんと朝起こしてやる、もしくは子どもが自分で起きるよう習慣づけてやるべきだ、とわたしは考えている。

わたしはこれを聞いて、やはり塾の室長と同じく「朝、子どもを起こすのは親の責任であり、それを塾の先生の宿題のせいにして、先生に文句を言うとは、親として何を考えているのか」と、まず思った。この学生の方は、最近の親の共働きの家庭なども考え合わせて、「こうした生活習慣が家庭でつきにくい生徒にどう対応していくかが今後の課題となっている。」と、より客観的に受け止めていたが、より高い視点から考えると、そういう社会状況にしているのは、政治家の責任であり、親の意識レベルでは済まないと思うのである。

もちろん、実際、どれほどの分量の宿題であるのか、塾講師の宿題の出し方に問題があるのかもしれない。講師の先生にまで電話してくるぐらいだから、さぞ困った末のことだろうと推測し、同情する方もおられるかも知れない。でも、その講師がわたしの授業の学生で、塾での非常識な、珍しい経験として伝えてきた話だから、きっと他の子どもの親からは、その種の訴えがなかった程度のことだと思う。

わたしが言いたいのは、朝、子どもを起こすのは親の責任であり、その責任を果たすために親としてなすべきことが、塾講師に訴える前に種々あるはずで、それを愛情と誠意を尽くして工夫したうえで訴えたのかどうかについて、怪しんだからである。

子どもに早起きまではさせなくても、塾へ通うほどの年齢と思われる小学校高学年になったら、生活習慣として自分で朝起きることができるように、自立へ向けたしつけないし教育を施すのが親としてのあるべき姿ではないかと思う。もちろん、片親であったり貧しかったりして、十分に手が回らない親もいることを考えないわけではない。それでも、気持だけでも親らしいものを持っていないならば、子どもは決して親の愛情を感じ取ってはくれないだろう。この種のこどもへの気配りが、今の若い大人から無くなってきたことは否めないと思う。

つまり、私教育の典型である家庭教育が大切なものであることが、見失われてきているのである。そして、教育のことは何もかも外の誰かにやってもらおう、という外注的発想が強まっているのである。これでは子どもは、親とは何なのか、保護者とは何なのかと戸惑い、不安になるのも無理はないであろう。

私教育の希望

私たち河合塾グループは、1933年の創立以来、「塾」という民間の教育機関であることにこだわり続けてきました。その理由は、民間の立場だからこそ自由で、自分たちが信じる教育を追求し続けることができると考えるからです。（中略）この考えのもと、私たちは目の前にいる一人ひとりの生徒たちに何をすべきか、何ができるかを自ら問い続け、それに応える〝本音の教育〟を志してきました。（中略）しかし、その原点にあるものは、人と人とのつながりを大切にした教育です。どんなに時代が変わっても、この原点を忘れることなく、本当に社会から必要とされる教育を追い求め、河合塾グループに関わるすべての方々に対し、それぞれがもつ可能性を信じ、一人ひとりの自己実現を支援していきます。（学校法人河合塾理事長 河合弘登「河合塾グループについてごあいさつ」https://www.kawaijuku.jp/jp/kawaijuku/greeting/）

従来の予備校が様変わりしてきている。公教育の補完的性格から、私教育の進歩性を重視する方向にである。ここに一例を挙げてみた。河合塾は長年「ドルトン・スクール」を幼稚園レベルで運営してきたが、二年後には小中一貫校を創ろうと動き始めている。従来の進学予備校だけの運営では、少子化の進む中、経営は容易ではないからと思われる。ただ、そのような教育産業的な理由からでなく、ここに見るような、理事長の挨拶に、塾本来の役割が見直されている。理事長は、「民間の立場だからこそ自由で、自分たちが信じる教育を追求し続けることができる」と考え、「目の前にいる一人ひとりの生徒たちに何をすべきか、何ができるかを自ら問い続け、それに応える〝本音の教育〟を志してき」たとのことである。

わたしは、このような民間の立場で行う私教育の自由さと、生徒個々人のためを第一とすることが、人間の教育の固有の姿であると思う。もちろん、河合弘登氏も社会的な要請を無視できないことを正直に述べているし、教育の社会的性格を抜きにしては無意味だが、それは二次的に位置づけるべきものである。

まず教育は子ども一人ひとりを一人前の大人にすることである。この過程において、子ども自身に考えさせ、選ばせながら、社会的な諸能力や個性的な諸能力を身につけさせることが必要になるのであり、それを身に付けさせれば終わりなのではない。一人前の大人に自立させることがなければ、その子どもたちのさまざまな分野の自由は行使されず、発揮されることはない。

それは自由を正しく発揮する主体として子どもを形成することを意味する。人格の形成・完成とは、そういう含意をもっているのであり、単に「道徳性を中核とする人間性・人格性の育成」を意味しているわけでない。どれほど道徳的に立派でも、「主体性のない、他人に言われるがままに動く」人間であるならば、それは「人格をもつ人間」である必要はなく、動物や人形、ロボットの方がもっと効率的な働きをしてくれることだろう。

大切なことは、子どもを「教育を受ける客体」としてでなく、「教育を求める主体」としてとらえているか否か、ということだ。もし前者であれば、極端に言えば「何でも言うことを聞く動物や、人形ないしロボット」の育成をその目的とすることと同じであろう。それは教育というよりも、調教や訓練、ないし教化と呼ばれるものであり、「子ども自身の意志・思想・志望・希望・個性」などの主体的な部分を尊重したものではない。子ども自身が、自立するために必要なものを効果的に与えること、そして最終的には、社会的に有能だと評価されるだけでなく、自分自身が自らの意思に基づく活動をして、個人的な満足も得ることが目指されねばならない。

これを、やや政治的にいえば「未来の主権者として自立した子ども」の育成、ということであって、社会経済的に有能な人材(財)であることは、それに伴う一つの条件に過ぎない。このことが、今の親や保護者そして教員を含む社会全体に、明確に自覚されていないと思われる。

ただ、これまでの段階では、このような大手の塾でさえも、松下村塾のような役割よりも後退して、「公教育に従属する私教育」としての価値しか、社会的に認められてこなかった、というわけである。

三　家庭教育の今と昔　「子どもから見る家庭・家族」観の消滅

「私教育」の意義を忘れた親・保護者の「児童虐待」


東京目黒区のアパートで、船戸結愛ちゃん（5歳）が虐待により3月2日に死亡した。死因は、肺炎による敗血症であり、継父である船戸雄大、実母である優里は警視庁に逮捕されている。

もともと、香川県善通寺市に住んでおり、この時から児童虐待があって一時保護を受けていたが、2018年1月に目黒区へ転居した。各種報道によれば、2016年に県の児童相談所が虐待を通報により認知、簡易の経過観察となったが、同年9月に雄大氏と優里氏の間に子が誕生したことで、より観察すべきということになっている。201

6年12月に結愛ちゃんが1人で歩いているところを香川県警が保護し、児童相談所が対応、医師の診断では日常的な身体的虐待があるとされた。（阿部泰尚『もうゆるして』結愛ちゃん虐待死で探偵が見抜いた一家の真実」、https://news.infoseek.co.jp/article/mag2news_361557/、二〇一八年六月一五日参照）

児童虐待が減らない。むしろ増加傾向にある。平成二八年度で約一二万件、そのうち被害児童はおよそ一一〇〇人で、六〇人から七〇人が死んでいるという（同上）。そんな状況の中で、親や保護者に子どもを健全な形で教育することを期待できるのだろうか。わたしが親や保護者に私教育をしっかりするよう求めても、現在の社会状況では無理ではないか、という声が必ず出てくる。もし、親や保護者に、子どもに対する健全な教育を期待できないとすれば、どうしたらよいというのだろうか。

そこで、すぐ誰もが口にするのが「国にしてもらおう」というものだ。このような安易な声が、簡単にまかり通ってしまうのが今の日本社会だとすれば、この国はもう遠からず国家に教育のすべてを絡めとられても、何も問題を感じない、歴史から何も学ばない未成熟な国であるということを露呈してしまうことだろう。実際、上記の事件を取り上げて、安倍首相が「国が乗り出すべきことだ」と閣議で述べた（二〇一八年六月一五日）ということで、やはりそうした対応で乗り出して来たか、と予想した通りだったことを非常に残念に思った。家庭の中に、公権力が口出しできる状況が到来したとして、世間を納得させる都合のよい機会になったからである。この政権は、第二次世界大戦中のように、私教育を公教育に組み込もうとする、国家主義的で保守的な勢力を背景にしているからである。

この勢力は、教育基本法が改正された際、家庭教育についての条文が第一〇条に初めて入れられたことを、「大きな成果だ」と評価した。なぜなら法律によって、公教育が家庭の私教育に対しても介入できる法的根拠を得たからである。もちろん、その意図がない場合は、わざわざこの条文を新たに設ける必要はないのだが、現在の日本社会は、家庭における子どものおかれた状況が教育的条件を欠いたものであることが、いろいろな場面で問題にされている。これは、家庭教育に国家的意向を反映させたい日本会議などの、保守的な勢力の政治グループに、公権力が介入する絶好の機会を提供するものといってよい。児童虐待の増加が、「だから親には子どもの教育は任せられないんだ」といった世論を生み出し、それを悪用して「国の積極的指導が必要だ」

という行政施策に誘導する危険性が高まるのである。

本来は、そのような方向ではなく、保護者や親が安心して子どもの養育に取り組めるような社会政策を行うべきなのに、それは棚上げしておいて、保護者や親は責任を持たなくて済むといって、直接、行政権力が家庭教育に責任を持つ方向にもっていこうとするわけである。これが現在の保守政権の半ば隠された意図なのだ。はたして、親や保護者の配慮を受けない子どもは、それで幸せを感じることができるだろうか。

国が行う教育的配慮とは、一体どういう性格のものなのだろうか。

国が行う教育的配慮には、大別して二つある。「福祉主義」的配慮と「国家主義ないし全体主義」的配慮である。両者はともにすべての国民を平等にと言って、一見すると同じものであるかのような印象を与える。しかし扱いは同じでも中身は異なり、その理由・目的は正反対である。福祉主義的配慮であれば、それは国民個々人の福利厚生のためであり、国家の政策は国民のためになるものでなければならない。そのよい例が日本の場合で言えば、国民皆保険制度であろう。この制度は、結果的には国家財政を破綻させるかもしれないが、すべての国民のためのものだから、根本的な異論は出ない。しかし国家主義・全体主義的なものであれば、国家財政を国家、時の政府

＝行政権力のために用いるのであり、国民はそのために犠牲になっても仕方がないのである。国民は国家や全体（民族・思想などで表される）のために尽くすべき手段であり、道具に過ぎなくなる。

国家のためだから、表向き誰も異論を唱えることができないが、国家が隆盛するなら、国民は不幸になっても構わないのである。かつて日本が、昭和五年ごろから二〇年の敗戦まで、軍国主義によって国家を第一に考えていたときは、最後の一兵になるまで国家のために戦え、と唱えていた。当時の国家主義者は、国民が一人もいなくなっても国家が存続するという、論理的にはありえない考えをもっていたのである。まさに国家主義・全体主義は本来論理的に矛盾した考えである。矛盾をなくすためには、国家や全体の中に、それを構成する国民以外の存在を認めるしかない。それが天皇であり、国家を自称する政府＝一群の権力者であったりするわけだが、それでは国民のいない国家であり、また一部であって全体ではないということになる。

このように、教育的配慮が国民全員に平等になされても、それが誰のため・何のためなのかを、正面から問わないならば、わたしたちは大きな落とし穴に落とされることになるだろう。そして、誰も始めから、そうとわかるような言い方で、国家の教育的配慮を、国民を犠牲にしても行うなどとは言わないだろうから、余計に全員や、みんなという言葉を聞くときは、福祉主義なのか国家主義・全体主義なのか、慎重に吟味しなければならない。

家庭・家族は私教育の本丸

本来、子どもは「国の未来の主権者」として、「自らの未来社会を決める自由」の権利を保障されなければ、人間として人格的に尊重されたとは言えないであろう。教育が「自立」をめざす営みであるからである。このことは、子どもを大人の「道具的な客体」として扱うのではなく、「人格的な主体」として扱うべきことを、必要不可欠の前提条件としているのである。

ところが、最近は子どもを、親や保護者の言うことをよく聞く、人形のような自分の持ちものと考える人が増えてきた。家庭・家族が子どもを意思のある主体として育てる場所ではなくなり、むしろ親や保護者の言うがままの、人形のように育てる場所、悪い言葉だが、しつけと称して一種の訓練・調教の場所にしてしまっているのである。そして、その意思に反した言動をする子どもは虐待されるといった状況が広がっているのではないだろうか。どちらにしても、子どもは主体的人格をもった人間として扱われていない、と言ってよいだろう。

じつは、家庭・家族がいかに大切な教育の場所かということは、昔から言われてきた「子は親の鏡だ」ということわざにも表されている。つまり、その子どもの姿を見て、たぶん親はこういう人だろうなどと推測しても、ほぼ言い当てられたということである。わたしが結婚したときに、ある尊敬する女性の先生が「お子さんを見ていて、親御さんがどういう方かわかりました。わたしの推測が当たっていました。」と言われたのを、印象深く覚えている。このことは、家庭教育・家族関係が、どれほど大きな人間形成上の役割をはたしているかを示している。

ところが第二次世界大戦に敗れた日本人のわたしたちの世代は、敗戦までの天皇制家族主義国家観によって、外に向けては天皇を親とし、国民を赤子《せきし》たる臣民、つまり主君に忠実に服従すべき家来として教化されるとともに、内においても強固な家制度により、家長たる父親を長とし、妻や子どもは家長に服従すべき者として教化されたため、家長を中心とする家庭・家族が個々人を縛り、とくに子どもたちに、自由な考えを持つこと、口にすること、書くことを許さなかった。じつは親たちも外部から戦争中は政府・国家から言論の自由を徐々に奪われ、軍隊や警察、隣組制度による隣人同士の相互監視によって、地域社会を通じて統制を加えられ、子どもたちと同様に自由な思想・信条・表現を許されなくなって敗戦に至るのである。

そのような体験を経て戦後の自由主義と民主主義を与えられたのだから、日本人のほとんどは家父長制的な家庭・家族の変革を望み、個々人の自由で平等な言動が許される場としての家庭・家族に変えること、そうでない家庭・家族は少しでも減らしていきたいと考えたのである。その結果、家父長制を支えた大家族主義あるいは家族主義が廃されていき、家長による強制を認めず、個々人の自由な考え方・生き方を認める家庭や家族が増えてきたのである。現在の憲法や民法は、そういう方向で制定されたのである。

ところが時代的にみると、それがもっとも盛んになった一九七〇年代で、アメリカでまず増えた「ミーイズム」という、自分の幸福だけを考えて、周囲の人や社会の問題には無関心な風潮が日本にも流入して、それがひとしきり日本でも続いた。しかし、その後二〇〇〇年代に入ると日本では、経済的不況もあってその限界や問題点が明確となり、その反動によるものなのか、徐々に「個々人は国家や政府の恩恵を受けているのだから、国家・社会にもっと価値をおくべきだ」という国家主義的な声が出始めて、今ではこの種の考え方がかなり浸透しており、現在の安倍政権を支えていると言ってよい。

わたしには、国家や政府がわたしたちを守ってくれているという実感はないのだが、なぜだろうか。それは、わたしの方が主権者だと考えているからだ。こういうと、国の出しているパスポートがなければ外国で自分を守ってくれる者はいない、として日本という国の存在を強調する人がいるが、その種の国がやっている事業に必要な経費にしても、議員や公務員の給与にしても、それはみなわたしたちの出した税金等によるものである。この意味で、むしろ国家・政府こそわたしたちのおかげでさまざまなことができるのだ。この政治システムの順序が、どうもまだ多くの日本人に理解されていないようである。

そう考えると、わたしたち国民個々人が主人公であって、その個々人の私教育の営みを支援し豊かにすることこそ、国家・政府のなすべきことであり、その逆ではないのである。現在のわたしたち国民は、すべて国家・政府たる行政当局にしてもらうこと、つまり自分たちでやるべきことの多くを、中央や地方の行政当局にやってもらうこと、安易にそのように委託していることは決して望ましいことではない。なぜなら、行政権力は、一度それを握ったらその人が勝手に使うことができるからで、場合によっては、委託した国民の意に反することを、力に訴えてでも行うことができるからである。

その好例が、第二次世界大戦を引き起こしたドイツに見られる。ドイツは第一次世界大戦後、世界でもっとも民主的と称されたワイマール憲法を制定したが、それがナチス・ドイツのヒットラーという独裁者を生み、自由主義を抑圧する全体主義を広めた。つまり、民主的な手続きは、必ずしも民主的な目的を実現しない。まさに、その行政権力の独走を許さない内容を規定しておかないと、個々人の思想の自由は何ら保障されず、担保されないのである。

その保障ないし担保の条件の一つこそ、個々人が許されるべき私教育なのである。全体主義や社会主義、さらには国家主義はこれを認めないから、その社会体制を超える思想や言動は押さえ込もうとする。結果として、その国家や社会に進歩はありえない。個人主義、自由主義が許されなければ私教育は効果を発揮しないのである。だからこそ、私教育がどれほど自由に行うことが許されているかが、その国の進歩や発展を測る指標になるのだ。

ある脳科学者の一言

わたしの尊敬する著名な脳科学者がある講演で、わたしなりの要約だが次のような話をされた。

「子どもの教育における親の役割の重要性は、じつは一部の人の言うような大きなものではありません。生後のある期間における『愛着』行動の重要性は認めますが、その時期を過ぎてからは親よりも兄弟や仲間からの学習がほとんどで、親に学習のモデルを求める考えは脳科学的には何も根拠がありません。そもそも有史以前から、人類は、母親は子どもを産み落とすだけで、その後の子どもの世話は、父母・親よりも兄姉などの兄弟が行っていたのであって、祖母・祖父などもそれを手伝っていたのです。両親は、できるだけ早く本来の狩猟・採集に出かけなければ、一家が養えなかったはずだからです。ただし、農業生活により『定住』するようになってからは多少異なりますが、基本的には生物学上の教育的役割の面で親に責任はありません」と話された。

わたしは、それを聞いて「へー、そうなのか」と驚いたが、もしそうであれば、母親はとくに、授乳期以外は子育て・養育において特別の役割を担う必要はない、ということになる。その脳科学者は「親ならば当然ではないかという声は、親にそういう役割を負わせようとする一種の政治的・社会的な強制であり、生物学的・脳科学的には何も根拠はない」と言われる。

しかし、仮に兄弟や周囲の大人の方が教育上の影響力が強いとしても、基礎的な動作や感情の部分で、とくに母親の影響・教育的態度は重要なのではないか、と思う。実際に動物の世界でも、最初に生んだ子どもは親しか学びの対象はないわけで、比較的集団生活をしない高等動物や鳥類の場合、たとえば豹や虎、鷲や鷹などの子育ては、とくに最初の子どもの場合や雛が一羽しか残らない場合、周囲には兄弟や大人はいないのだから、親が教育することになる。そして、それで立派に一人前に育つわけなので、人間の場合も同様だと思う。たしかに長男・長女は、親にとって初めての子育てで、最良の教育者ではないかもしれないが、その役割は自ら学びながらはたしていくとともに、子どもの側からすれば親しか学ぶ相手はいないのである。

そう考えると、模倣行動が高等動物の基本的な学習行動の一つであるが、その相手が親であることは自然なことであり、それに周囲の兄弟や近親の大人が加えられる、というのが合理的な見方だと思われる。まして、今の時代は定住生活が常態なので、親の役割は中心的に重要だと思われる。仮に親が中心でないとしても、やはり親に兄弟や祖父・祖母などによって構成される家庭・家族の教育的役割の重要性は大きいと思う。三世代家族などは、その意味で教育上大いに参考にすべきものである。それ以上の大家族は、必ずしも教育的な効果がよいかどうか疑問であるが、現在のように、家族の構成が核家族であったり、一人っ子家庭であったりすること、また片親家庭であったり鍵っ子家庭であったりすることは、子どもの教育の側から見れば、決して望ましい環境ではないと思われる。その種の家庭の場合は、多くの子どもに強いストレスを与えていると言ってよいだろう。

私教育の重要性に目覚めるためには

このように言うと、「それでは子どものために、自分の社会活動の自由を制限すべきだというのか!?」と強い反論が、とくに女性の側からなされると思う。わたしは子育ては両親が平等に分担・協力して行うべきものだと主張してきた。決して女性だけの問題ではないことを自覚してほしいのである。この点で、いわゆる日本会議などの保守派の人の復古的な考えとは明確に異なる。

ところが、現在の政府はむしろ復古的な考えの持ち主が、教育政策に強い関心を持っていて、その種のグループが教育基本法の改正の際に、家庭教育や幼児教育の条文を新設させたのである。この条文の新設にはわたしは賛成できないが、両親が対等平等に子どもの教育に当たるべきものという条件で、その趣旨である家庭教育の重要性を強調することには賛成である。ただし、方向性は反対で、改正教育基本法は家庭教育を公教育の中に取り込み、公権力が口をはさむ目的でこの条文を導入したのだが、わたしはむしろ、私教育を国民の自由な自己教育の場として確保し、公教育に取り込まれないほどに大きな価値を持つものにするために、この条文を生かしたいのである。

「新しすぎる学校」の輪

新しい学校

最近、新しい学校づくりの動きが起き始めた。フリースクールなどとは異なる、グローバル時代の人材育成を狙ったものが多いようである。たとえば、次のような新聞記事を見ると、長野県での事例が挙げられており、その種の動きの一つがわかる。

同校（二〇二〇年開学を目指す幼小中一貫校「軽井沢風越学園」：引用者注）は教師による一斉教育ではなく自己主導の学習、異年齢学級への挑戦、地域社会との連携などを掲げる。自分と違うものを分離して避けるのでなく、近寄って折り合って一緒に生きていくことを軽井沢の自然の中で学ぶという。

「ただ、ユニークな学校が一校だけできても意味がない」と本城（慎之介）氏（元楽天副社長・同校設立準備財団理事長：引用者注）。「新しい学校を創ってそれを普通にしていく。つまり『新しい普通』を創るのが狙い」と説明する。同校は教育研修・研究機関も併設、県内外の地方自治体や教育機関と交流し情報発信していく。長野県では佐久穂町で、異年齢で学級編成する「イエナプラン教育」を導入する日本初の私立小学校の計画が19年開校に向けて進んでいる。豊かな自然環境を生かして保育や教育に取り組む保育所や幼稚園を県が認定する「信州やまほいく」も一一一園に達した。（日本経済新聞、二〇一七年八月七日、朝刊）

このような動きについて、宮内氏は「全国を見ても、内容は様々だが『新しすぎる学校』の波が来ようとしている。たとえば、広島県は瀬戸内海の大崎上島町に全寮制の中高一貫校『グローバルリーダー育成校』（仮称）を一九年に開く計画。海外大学入学資格の国際バカロレア資格への対応も目指す。」（同上）と紹介し、本城氏の声として「地方の学校が魅力的になることこそ重要。充実して楽しい子ども時代をすごせれば、地元への思い入れがある大人が増える」と語る、との言葉を引用し、わたしたちが「その土地に愛着と誇りを持てる教育を十分にしてきただろうか。本城氏は各地の学校と連携し、現状を変えたいと考えている。」（同上）と、この種の動きを好意的に伝えている。

わたしはこの種の動きを条件付きで支持するが、本城氏やこの記事を書いた宮内氏ほどには楽観視していない。

幼小中一貫校や中高一貫校、イエナ・プラン教育などの特色ある学校が、保護者の支持により、公教育の典型である公立学校に対して、保護者の学校選択の幅を広げるものとして設置されるのなら、強く支持する。そういう多様な学校が出現し、どれも学校として認知され、その教育内容について、国や地方教育委員会による介入・強制がほとんどなく、ただ外的条件の整備について補助するという制度であるなら、まったく異論はない。そういう方向は、オランダが進めている教育政策に似ているように思う（リヒテルズ直子・苫野一徳『公教育をイチから考えよう』日本評論社、二〇一六年）。

かつて、教師のプロ中のプロともいえる人物として、昭和二〇年代に、東井義雄という国語教育を主とする実践家がいた。彼の著作で『村を育てる学力』（明治図書、一九五七年）という自らの実践を本にしたものがある。彼はその本で次のように読者に問いかけている。自分は村の子どもを育ててきたが、気持としては「村をよくするために、この子どもたちを立派に育てよう」としてきた。ところが、現実には、そのように育てられた子どもが、村を捨てて外に出て行くばかりで、村には残らない。一体、自分は「村を豊かにするために、子どもに学力をつけてきたのに、なぜそうならないのか。彼らが村に残って、村を良くするための学力とは何なのか」と自問しつつ、わたしたちに問いかけたのである。

もちろん、社会構造の変化が大きいので、これまでの国の社会政策や経済政策が、その教育成果をそのように変質させてしまったのだ、ということもできるが、教育者としての東井の思いは、直接には何ら実を結ばなかったと言える。そもそも東井が働いた場所は、村の学校とはいえ公教育を行う公立学校だったわけで、国の教育政策から自由だったわけではない。ただ、教育の内容面でも、今よりもずっと教員の自由な創意工夫が認められていた時期であったにもかかわらず、このような嘆きが彼の口から出てしまったので、その反対に、これをバネとし、未来への希望として、村を育てる、つまり地域を活性化する能力・学力を持った若者を育てたいと主張していたといえる。当時の流行語でいえば、地域社会学校づくり、最近の言葉で言えば「コミュニティ・スクール」づくりだと言える。

このような先例を見ると、東井のような失敗をしないとも限らないわけで、わたしは宮内氏が評価するほど楽観的ではなく、決して学校づくりと国の政策との関係を無視ないし軽視しないように、学校づくりは注意深く行うべきだと思っている。とくに、現在の安倍政権は、先にも述べたように国家主義的性格の強い公権力なので、いつ国の要求を強制的に押し付けてくるかわからない。その意味では、先の一貫校づくりなども、できるだけ公権力から離れたところで運営がなされるように、工夫すべきだと思う。その際の留意点が、私教育的な教育機関としての立場を譲らないということと、それを支える保護者の自己教育意識の醸成だ。この部分を安易に考えると、遠からず公教育に組み込んで、その自由な教育が許されなくなるときが来るであろう。気をつけたいものである。

結局、問題は公教育の質にある。質とは性格・性質のことだが、公教育の場合は、先に述べた福祉主義的な性質か、国家主義・全体主義的な性質かによって、公教育の中身や性格が変わることを、しっかりと認識しておかねばならない。

四 「塾・フリースクールや予備校」は社会の改革より補完に

ついにフリースクールが公認?

文部科学省が一二年ぶりに不登校対策の検討に乗り出したことを紹介しました。また車の両輪として、不登校児童・生徒の受け皿となっているフリースクールの在り方に関しても、会議を設けて検討を行っています。これまで学校の外にある存在だったフリースクールが、一定の条件下で〈公認〉されるかもしれません。

(ベネッセ教育情報サイト、二〇一五年三月一三日、執筆者:渡辺敦司氏)

これは、二〇一五年に設けられ、二〇一七年二月に報告書を出した、文科省の「フリースクール等に関する検討会議」の発足時の記事の一部である。この動きについて考えたいと思う。

とくに検討すべきなのは「公認」と表現されたことの中身についてである。何が公認されるのか、公認されると何が変わるのか、ということである。ジャーナリズムが問題にしたのは、学校の外にある存在から学校の内に入る存在、つまり通常の学校の仲間になるのか否かである。通常の学校とは公立学校のことを指すのが普通だから、そこを出れば通常の上級の学校に進学できることを意味する。不登校の子どもや保護者にとっては、それがもっとも重要な関心事だったはずだからである。

わたしがこのことを大事な問題と考えたのは、不登校児の境遇とともに、フリースクールの性格の重大な変質を危惧したからである。通常はフリースクールが「学校教育法第一条に規定される正規の学校」、通称「一条校」になれば、その子自身とともに保護者も安心してフリースクールに通えるわけであるから、大いに歓迎されるべきことである。文科省も、そのような方向で、その種の子どもたちの何らかの救済策として、フリースクールを公認する腹づもりでいたように思われる。実際、それだけを考えれば、誰も反対する方向ではないはずである。

しかし、わたしはあるシンポジウムで、日本でのシュタイナー学校の関係者が「もし公立学校と同等の学校と認められれば、私学として補助金も獲得できて経営が安定するので、その方向への運動を推進していきたい」と発言するのを聞き、「補助金欲しさに公認されることを求めるのは、慎重に考えるべきだ。公立学校は基本的に国の基準に従って教育を行っているのであり、決して私学がその基準から自由にされることはない。公認の私学になった場合、シュタイナー教育の理念を守れるのか心配である。とくに現在の安倍政権のもとでは、上からの国家的要請は強まっており、自由な教育は行えないであろう。」と意見を述べたことがある。

もちろん、国・地方の行政権力の質次第であるが、現在の日本人は政治（家）による公教育支配に鈍感過ぎると思う。教育の中立性について、ほとんど何も深く考えていないように見えるのである。

それは、平成一八年の教育基本法改正により、旧法の第一〇条の教育行政に関する条文が、大きく変わったからだとされている。両方の条文を比べてみよう。

（旧）第一〇条（教育行政）教育は、不当な支配に服することなく、国民全体に対し直接に責任を負つて行われるべきものである。（第二項　略）

（新）第一六条（教育行政）教育は、不当な支配に服することなく、この法律及び他の法律の定めるところにより行われるべきものであり、教育行政は、国と地方公共団体との適切な役割分担及び相互の協力の下、公正かつ適正に行われなければならない。（第二、三、四項　略）

この条文のうち、「教育は、不当な支配に服することなく」は残されたが、「国民全体に対し直接に責任を負って行われるべきもの」が削除されてしまった。これを元文部事務次官の前川喜平氏までも、「教育の中立性」を守る足掛かりが失われたとして、決定的なこととしている（前川喜平『面従腹背』毎日新聞社、二〇一八年）。わたしは、この法律改正のときは非常な関心を持って国会のTV中継を見ていたので、その時の国会での政府側の答弁を注意深く聞いていた。野党の質問に対して、当時の伊吹文明文部大臣が「ここで『不当な支配』とは、政府側が行う場合もありうる」と明確に答弁していたことを、今でも鮮明に覚えている。当時の議事録を見れば明らかである。ただし、安倍首相はあいまいな答弁に終始していたから、その食い違いを野党が追及しなかったことを残念に思っていた。これは、どちらかというと自由主義的な伊吹氏と、当時は国家主義的な安倍氏の微妙な教育観の違いを反映したものと思う。

今回の改正は、「教育の中立性」を大事な原則と考えてきた文部省・文科省の伝統を、内閣府や総務省が無視ないしは軽視して、公教育に対する政権の国家的介入を容易にする教育基本法改正だったのである。この点は多くの論者が指摘していたことだが、安倍政権は聞く耳を持たなかった。ただ、わたしは伊吹氏の答弁で、「国などの行政権力」の支配もありうることを念頭に、「その支配に服することなく」と規定されたと、今でも解しているので、そのような解釈の余地はあると思っている。

こういうことをなぜ重視するかといえば、第二次世界大戦終了までの日本は、まさに完全に「国家に支配された教育＝政治的に偏向した教育」だったからである。憲法も旧教育基本法もそれを前提して、その支配を許さないとの趣旨で第一〇条の条文を決めたのである。

ただ戦後の一時期、日教組を中心に、一部の有力な政治家や教育者が、左翼的に偏向した教育をめざしたケースがあり、それを安倍政権の背後にいる保守系の政治家が問題にして、この条文の改正を強く求めたのである。それでも、この改正により「不当な支配に服することなく」の一句が残り、ある程度は弱められたが、まだ「教育の中立性」を前提にした教育行政でなければならない、という認識が一般的であることにやや救いがある。しかし、いつ政治的圧力が社会全体にかけられて、また第二次世界大戦中のように、「国家の言うなりの人間の育成」に変質してしまうかわからない状況にある。それに対して無邪気で無防備な国民大多数と、ジャーナリズムも教育界も国への依存心をしきりに求める政府の意向に、ほとんど何の警戒心もなく同調している現状は、何とも嘆かわしく思われる。国民の方が国家を決めている主権者であって国民は国家への依存者ではないことを、わたしたちは明瞭に認識しなくてはならない。

したがって、国・政府・行政権力の質次第では、公教育の中に入っている限り、法律的に公権力に服従せざるを得ない仕組みになっていることを、もっと賢く、だまされないように、はっきり認識していなければならないのである。安易にフリースクールであることをやめてはいけないのである。

フリースクールは「公教育の補完」を目指すのをやめよ

フリースクール容認断念　「不登校助長」慎重論多く

不登校の子どもや、夜間中学に通いたい人の就学機会を確保する法案の成立を目指す超党派の議員連盟は、不登校の子が通うフリースクールや家庭での学習を義務教育の一つの形態として位置付ける規定を見送る方針を決めた。実現すれば義務教育の場を学校に限定していた戦後教育の大転換になると注目されたが、「不登校を助長することになる」などの慎重論が上回った。

（毎日新聞、二〇一六年三月一五日、朝刊）

そんな中で、上記の議員連盟の法案提出の動きを横目に、二〇一六年一月に文科省は「フリースクール等に関する検討会議」を設け、ほぼ一年間議論を経て、二〇一七年二月一三日に報告書を公表した。結局、その前年の一二月に「義務教育の段階における普通教育に相当する教育の機会の確保に関する法律」が成立したが、フリースクールを正規の学校と同一とすることも、正規の学校外で義務教育を受ける場を認めることも、国会では認められなかった。公教育の補完・補強の役割は期待されない、ということである。しかしそれは現状では、結果的によかったとわたしは考えている。

その理由は、「民間施設であるフリースクールは、私立学校などにしない限り補助金なども受けられません。人件費や施設費を賄うため、授業料は相当の額を徴収せざるを得ないのが現状です。一方で、（中略）不登校の背景として貧困問題も無視できなくなっています。フリースクールが一定数の子どもにとって不可欠な存在になりつつあるとしたら、どういう条件の下で財政的支援を行うかも避けて通れない課題です。」（「ベネッセ　教育情報サイト」二〇一五年三月一三日）と教育ジャーナリストの渡辺敦司氏が述べているが、この種の財政的理由を挙げて、何とか補助金を得ようと公立学校に準じる施設として社会的に公認してほしい、と運動してきた人たちがいることを知っているからである。

たとえば、先の検討会議の委員の一人で、フリースクールの草分けとして社会的認知を求めてきた、「東京シューレ」理事長の奥地圭子氏が、「定期券を認めてもらうのにも一六年かかりました。制度が変わるには三〇年くらいかかるのかもしれませんね」と話していたそうである（同上）。

実際、先の検討会議の報告書も、結局、フリースクールを公認する方向を取らなかったが、わたしの言うような公教育と私教育の区分を念頭におくものではなく、また、先の国会議員の有志の連盟の法案提出の断念も、この両者の区分を明確にしたものではなかった。公教育の場合は、たとえば義務教育の類型として、就学義務型と教育義務型の二つがあるが、日本は明治以来、保護者に「子どもを学校に来させる義務」としての前者の型で法整備がなされてきており、アメリカやイギリスのように、保護者に「場所を決めず子どもを教育させる義務」としての後者の型を採用してこなかったため、根本的な改革・変更を必要とするために断念したのである。あらためて教育というものが制度的には複雑なものであることをよく理解すべきであろう。

このように見てくると、フリースクールが公認されなかったことは、政権の背後にいる国家主義的な勢力の抵抗によるものと解されるが、わたしはむしろその結果に満足している。

インターナショナル・スクールについても同様のことが言える。すでに正規の公教育学校になっているインターナショナル・スクールもあれば、そうでない私教育の各種学校扱いのものもある。それはまさにそこでの教育の中身次第で決まる。補助金をもらおうとすれば、公権力の質にもよるが、何かあった場合、その権力の言うことを聞かねばならなくなり、教育の自由は奪われる。それを一部とはいえ配慮しているのがたとえば自由学園で、高校までは公教育に準じた教育を行っているが、大学レベルの高等教育は、私教育の各種学校に相当する、大学部と呼ぶ学校にしている。わたしは非常に賢明な態度であると思う。公権力の介入の危険が回避されるからである。

◉第三章

日本教育五〇年の変遷

一　公教育と私教育の歴史的関係

明治以降の教育史を「公」と「私」の観点から見る

一八七二（明治五）年の日本最初の近代学校制度と言われる「学制」によって、日本という国の全国的な公教育制度が成立したが、ここで、その時以来の教育の歴史を、公教育と私教育の観点から要約的にまとめておき、全体的なイメージをもつことにしよう。わたしから見れば悪しき公教育が良き私教育を駆逐ないし包摂してしまった、というべき関係である。

まず公教育の方から見ると、明治五年に始まる初等教育の制度は、当時の民衆自身による塾・寺子屋などの普及を基礎に、事実としても機能し始めたが、有償で、かつ完全な義務教育制度ではなかったため、就学率は上がらず、一部の地方では、重要な労働力であった子どもを学校にとられることを不服として、暴動が起きるような事態だった。

しかし法制上、一八八六(明治一九)年の学校令により義務教育制度が確立してからは、初等教育ないし義務教育が公教育として機能するようになり、私教育による初等教育はほぼ完全に消滅して行くこととなる。なぜなら、その義務教育は就学義務型のもので、小学校に就学させることが義務とされたからである。

もっともその小学校は、江戸時代からの寺子屋などの私教育の場を母体とするものであったことが、その円滑な移行に役立ったのであり、いわば私教育を公教育にからめとったものであった。だがその結果、国の決めた教科目を教えなければならず、それまでの寺子屋などの自由な教育はできなくなった。

しかしまだ中等教育段階の諸学校は、一八八一(明治一四)年の中学校教則大綱などにより、官立の中学校や女学校が数校創立されたが、多くの学校は正式のものではなく、志をもつ個人の創立した私学やミッション・スクールを含む宗教系の学校などで、いわば各種学校扱いの自由なものであった。

これには有名な語学校や女学校などが含まれていたが、それらが正式の中学校あるいは女学校という公教育学校になるのは、一八九九（明治三二）年の中学校令、高等女学校令などの公布によってであった。その意味では、中等教育段階の諸学校は、それまではすべて私教育を行っていたと言ってよいであろう。この明治三二年の中学校令改正や高等女学校令公布により、私教育の私学だった多くの学校が公教育の教科課程を行う学校に変わるか、従来の各種学校のままで行くかの判断に迫られたのである。以後、中等教育段階の学校は正規化とか国風化と言われて、その公教育学校化が一気に進んだ。国によって決められた教科課程に従わなければ、正規の学校と認められず、とくに女学校は、儒教的な良妻賢母思想による教育を行うよう強制された。

高等教育段階の大学は早くから官立で一本化されており、一九一八（大正七）年の大学令による私立大学の認可が可能となり、一九二〇（大正九）年に慶應義塾大学と早稲田大学が大学と認められるまでは、ほとんど公教育の枠のなかにあったといえるであろう。

他方、社会教育の分野では、明治初期から開明的あるいは復古的な団体による私教育としての活動が自発的に行われていたのだが、自由民権運動などの拡大を恐れた藩閥政府は、当初はその動きに制約を加えるといった対応にとどまっていた。それが、明治三〇年代になると、学校教育の整備が一段落し、次の手を打ち始める。日清・日露の戦争によって得た利益を使って、国として一般大衆向けの通俗教育と呼ばれる教育を力強く展開するようになる。当初は図書館・博物館の充実などを主とするものだったが、一九〇五（明治三八）年の日露戦争勝利のあとは、一九〇六（明治三九）年の「図書館ニ関スル規程」などによる、その種の蔵書の充実と検閲の強化や、日露戦争時の「戦時通俗講和会及幻灯会」の平時での継続など、大正期を中心に一般成人向けの思想教化を進め、一九六九（昭和四）年には文部省内に社会教育局が正式に設置され、これによって以後の社会教育の公教育化が、第二次世界大戦の終了時まで徹底強化されるわけである。とくに第二次世界大戦中は、公権力が戦争の名の下に、家庭教育という私教育の中核部分にまで入り込み、隣組み制度などの相互監視システムを通して、これを公教育の中に組み入れ、教化を徹底したことは忘れてはならない事実である。教育という名の恐ろしい洗脳・教化・訓練を行い、国民を国家に絶対服従させ、武家時代の儒教的基盤をもとに、その命令によって動く人形のように扱ったのである。

では、敗戦後の公教育と私教育の関係はどうだったか。一九六六（昭和二二）年三月の対日米国教育施設団報告書の勧告により、国は「社会教育」への関与を弱め、「社会教育を国民の各種団体の自己教育の場」とする方向に転換する。

しかし、その活動が十分に展開しないまま生涯学習が喧伝される時代に入った。その成果も十分に挙がらないうちに、上級学校への進学熱をあおった学歴社会化と地方の過疎化の進行により、地域住民による私教育の動きは衰退し、現在まで学校などの公教育への依存が強まって、国民自身による自己教育の動きは沈滞気味だといえるであろう。

このような動きを利用しようとしたのが安倍政権と、その背後の日本会議に連なる超保守的な政治家・運動家である。彼らの社会教育の公教育化の第一歩が、教育基本法の改正による家庭教育、幼児期の教育の条文の導入だった。それは次のように書かれている。

教育基本法　第一〇条（家庭教育）
父母その他の保護者は、子の教育について第一義的責任を有する者であって、生活のために必要な習慣を身に付けさせるとともに、自立心を育成し、心身の調和のとれた発達を図るよう努めるものとする。

二　国及び地方公共団体は、家庭教育の自主性を尊重しつつ、保護者に対する学習の機会及び情報の提供その他の家庭教育を支援するために必要な施策を講ずるよう努めなければならない。

第一一条　（幼児期の教育）

幼児期の教育は、生涯にわたる人格形成の基礎を培う重要なものであることにかんがみ、国及び地方公共団体は、幼児の健やかな成長に資する良好な環境の整備その他適当な方法によって、その振興に努めなければならない。

これを読んで、何も問題がないかのように思う人が多いかもしれない。しかし、この条文によって、実際の私教育としての家庭教育や幼児の教育が、最近のように問題が多発すれば、「家庭教育が不十分だ」と誰か、とくに政治家が言い出したときは、その不十分さを行政担当者の公権力の努力不足として、公教育の方に取り込むための圧力を強める根拠とすることができるようになったのである。本来は、保育所などの政治家による環境整備への努力不足を問題にすべきなのに、それには目をつぶり、保護者が悪いとして、従来以上の強制力を持って、家庭教育や幼児教育に口を挟むことができるのである。だから、この条文を新設できたことを、この保守的な勢力はことのほか喜んだということである。はたしてこれは望ましいことなのだろうか。

二 「サービスとしての教育」観の誤り

「福祉」と「サービス」の違い

- 福祉＝（定義）①幸福。公的扶助やサービスによる生活の安定、充足。（下略）
- サービス＝（定義）①奉仕。②給仕、接待。③商店で値引きしたり、客の便宜を図ったりすること。（下略）

（『広辞苑』第五版）

教育をサービスととらえるか否かは、人によって異なるかもしれない。その違いは、サービスという言葉をどういう意味のものとみるかによる。

通常のサービス業とは接客業を含み、理容、美容、ホテル、バー、キャバレー、レストラン、クリーニング、自動車整備など、モノの売り買いではなく、その担当者の専門技術、専門知識を使って客の求めに応じている仕事である、と言えよう。広くは医師や看護師、弁護士なども含める場合があり、そのレベルで考えると教員や政治家もその中に入れられないわけではない。ただ、全体としては、あまり高度な技術・知識を必要としない仕事に対して、それをサービス業だという場合が多いように思う。

そんな中で、小泉元首相が教育もサービス業の一種だと述べて、経済的観点からだけでとらえ、保護者は教育を直接に選択して購入できる商品と見なしたわけである。医師や弁護士までも含む概念として、教員もサービス業だというなら一応納得できるのだが、その種のものとは同じでないとする見方で、それほど特別な資格などなくてもできる仕事といったイメージで、教員もサービス業だという見方をしたのである。だから、「親や保護者の求めに応じてサービスを提供すべき存在」といったニュアンスが強かったのである。

しかも、本来公教育の担当者である教員は、親や保護者の意向を聞くよりも、政府・地方教育委員会の命令・規制の枠の中で仕事をしている場合が多く、親や保護者は通常、子どもたちの背後に間接的に関係してくる存在だった。小泉元首相は公教育をそういうものとは考えず、競争原理で教育の質をよくするために、教員の教育活動をサービスと考えて、親や保護者が学校や教員の間の競争における切磋琢磨を促そうとしたのである。

はたして、教育は競争原理でよくなるものだろうか。部分的にはよくなるが本質的なものではない。では、なぜ競争をさせようとするのだろうか。結局、それは「受験教育による合格率」という、あまり本質的でないもので学校の優劣を判断するのがもっとも保護者の受けがよく、教育の本質などは考えなくともよい方向に向かったのである。その結果が、先にみた高校生の未履修問題に露呈したわけである。

教育本来の、固有の目的は「一人前の大人に自立させること」である。この見方は鳥類を含む高等動物などの場合も含めて、ほぼ「事実としての教育」の本質を表している。では親のこの仕事はサービスか。つまり私教育の方の教育もこれが目的であることは明らかだが、通常、これは親の子どもに対するサービスとは言わないであろう。むしろ権利や義務の面があって、親や保護者がそれで報酬を得ることは考えられていない。

ところで公教育の場合、通常、教員の仕事は政府・地方公共団体の行政の長から任ぜられて行われているもので、私教育のように自分勝手に行うことはできず、一定の法的責任を負って行っていて、サービス業だといえるほど自由ではない。その点は、医師も弁護士も、看護師でさえも、みな生物的・社会的な命に関わる公的に重大な仕事をしており、サービスをしてもらっているといった軽い気持は、する方もされる方も、ともにもっていないと言える。単なる個人的な好みや娯楽などにおけるサービスではないことも、重要な違いだといえるであろう。

他方、サービスではなく福祉としての教育という見方は、それが国民全体の幸福という、公的・法的・政治的な理念である限り、当てはまる。医療制度も裁判制度も、教育制度も、この意味では極めて公共的に不可欠の「正義＝権利（ともに英語で right）」に関わるものであり、福祉主義的な教育観は、すでに多くの西欧諸国で採用されている。こちらは売買の対象ではなく、国民全体に対する国家の公的扶助を指すと言ってよいだろう。

これに対してサービスはむしろ民間ないし企業が、国民に対して行うもので、国民はその競争的なサービスのうち、自分のよいと思うものを選ぶという文脈で使われてきた。この意味で、教育は福祉であって、サービスではないとの理解が普通なのではないだろうか。

公教育制度は国の基本的な営み

ところで教育とくに公教育を、小泉元首相のようにサービスと考えると、国民がその種のサービスを不要と見なせば無くすことができる。また「そんなサービスなどしている財政的理由はない」、と考える政府・公権力が登場したら、その種の公教育的な制度や活動に一切財政支援をしなくなる。現実にそういう貧しい国もある。

また、もし国内の場所によって、水道や電気などの基礎的な公共サービスが受けられるかどうかに格差が生じた場合は、さまざまな問題がうまれることだろう。たとえば、実際に都道府県や市町村の間に大きな格差がある分野として、道路や橋などの維持管理、あるいは公共施設の多少などがある。最近の集中豪雨などで明らかになったことは、川や山林の保全管理においては、地方公共団体の財政状況の違いにより、その保全状態は大きく異なっていたということである。過疎地の川や山林は多くが放置されたままの状態で、ほとんど保全管理がなされていない状況だった。国有林などの管理でさえ十分になされてはいない状態なのである。治山治水が国の安全を守る根本であることは、はるか昔から言われてきていたことなのに、現在の政府はこれといって何も目立った政策をとっていない。その結果、山や川は荒れ放題で、一端大雨が来れば、大きな被害が生じている。

ここで注意しておきたいのは、教育は誰から誰へのサービスととらえられているか、ということだ。わたしたちがサービスという言葉で思い描くのは、公共の、つまり政府や地方公共団体の提供する国民への奉仕的なものであり、国民の生命・財産に直接に影響を与える部分についての公的な保障行為である、と言うことができる。わかりやすく言えば、公務員（public official or servant）という一般行政に関わる職員が主に従事している仕事であり、そういう面から言えば、教員も公務員であるから、同じではないかと思われるかもしれない。しかし、公教育に携わっているのは「教育公務員」という特別の公務員であるため、別途「教育公務員特例法（Education Civil Servant Special Law）」という法律によって、一般のサービスを行っている行政職の公務員とは、明確に区別されているのである。（ちなみに「国家公務員法」の英訳はNational Public Service Lawである）このことを理解している国民が少なくなっているのは問題であろう。

他方、公教育を「国の国民へのサービス」の一つと見るのでなく、「国民の国（家）へのサービス（奉仕）」とする見方がある。これが安倍政権の背後にいるタカ派の保守政治グループが目指す、国家主義に立つ公教育の考えだ。この問題を考えるうえでもっとも典型的な例が日本の場合は第二次世界大戦までの義務教育制度である。

戦前の義務教育制度は、明治憲法のもとで、納税の義務、徴兵の義務と並ぶ教育の義務として、国民の国家に対する三大義務の一つと称されていた。まさに、「国民が国家のために教育を受けなければならない」ということだから、国家に対するサービス＝奉仕を義務付けられていたことになる。プロシャ（現在のドイツ）の場合と同様、啓蒙専制君主フリードリッヒ大王が一九七三年に作った公教育制度は、まさにこの種のものだった。大王は「プロシャ国民であるなら、国家に対する忠誠と国民としての必要な共通基礎教養を身につけよ」と、強く国民に求めたのである。これが国家主義に立つ典型的な公教育だった。その意味では、上述のサービスの趣旨が、主客転倒して、「国民の国家への奉仕」を促すものが公教育だったのである。

すでに述べたように、日本の第二次世界大戦後の公教育、とくに義務教育は、これに対して国家の国民に対する義務として、「国民が教育を受ける権利を行使する場としての公教育」の学校の設置を、憲法に従って規定したのである。

だからこそ多くの日本人、とくに保守党の政治家が、国会の議論などで戦前の義務教育と同じものとして、現在の義務教育を論じているのではないかと疑われるのだが、公教育学校に子どもが来る義務があるのではなく、子どもが教育を受ける権利を保障するために学校を設置する義務を含めて、親を中心とする大人社会が、子どもを学校に通わせる義務があるのであり、子どもに義務はない。厳密に言えば、日本の義務教育の法体系は必ずしも一貫性がなく矛盾をはらんでいるが、主たる観点からすれば、社会の方に「子どもの教育を受ける権利」を保障する義務があることを、明確に自覚するべきである。

その論理からすれば、不登校の子どもが一人でも出たならば、その子どもが学校に来られるように、学校側が変わるべき責任があるのであり、子どもの側に変わるよう求めて、学校に無理に来させることは正当なことではないと言えよう。

ここに福祉の観点が入ってくるのである。つまり子どもの福祉のために公教育が制度化されているのであり、少なくとも直接的には、国家のためではないのである。福祉は国民に対して言われることであり、国家の福祉などという考え方はないはずである。国民の福祉を最大限追求する国家が福祉国家と言われたのだから。こうみてくると、サービスと福祉とが大きく異なること、そして、戦後の公教育は、国民の福祉のために必要不可欠の制度として、義務教育制度を構築し直したものなのだということが理解されるであろう。

三　文部科学省・地方教育委員会の「質」に左右される公教育

文科省「異例の要請」物議 前川氏の授業内容報告　教育の独立 揺るがす恐れ

文部科学省が名古屋市立中で講演した前川喜平・前事務次官の授業内容の報告を同市教育委員会に要請したことが物議をかもしている。文科省は「主体的な判断」とするが当初は国会議員からの照会を隠し、個別の授業内容に質問状を送る異例の対応に政治家の〝圧力〟が見え隠れするからだ。文科省の対応に「教育の独立を揺るがしかねない」と批判が出ている。

（日本経済新聞、二〇一八年三月二二日、朝刊）

新聞報道では、文科省が当該中学校に問い合わせた項目は二六に上り、録音の提供まで求めていたという。そして、「その背後に政治家の〝圧力〟も見え隠れする。文科省が授業内容を確認するきっかけは、自民党の文科部会長の赤池誠章参院議員（比例）からの照会だった。同省は電話で名古屋市教委に授業内容を問い合わせ、赤池氏と、赤池氏に相談した同部会長代理の池田佳隆衆院議員（比例東海）に説明。さらに約一週間後の三月一日には改めてメールで質問状を送信。送信前に質問状を見せ、指摘通りに修正していた。」（同上）とのことである。こうした対応について、「あくまでも文科省の主体的な判断」によるとのことだが、この経緯からすれば、政治家の「圧力」があったと考えるのが常識であろう。

つまり、この二人の政治家からの照会がなければ、文科省はこのような要請をしなかったはずである。「公教育」だからといって、公権力やそれに関係する人物が介入することは、同じ自民党政権でも、従来は「不当な支配」と見られかねないので、慎重に対応してきたのだが、安倍政権は積極的に「教育の内容を自分たちの意図する方向に支配しよう」とする内閣なのである。同じ自民党の内閣・政権であっても、その質が異なるのである。

実際に、同じ安倍内閣の文科相を務めた馳浩氏は「市教委へのメールを『言語道断』と批判。『事実確認なら電話だけでよい。あのメールを受けとった側がどう感じるか考える必要がある』と指摘した。」（同上）とされ、また後に、林芳正前文科相も「表現ぶりが誤解を招きかねない」と注意していたと発言して、事前に役人の方が自分に相談にくればよかったのに、という意味のことも言っているという。この意味で、所属政党にかかわらず「どんな政治家か」をいつも監視していなければならない。

上述の二人の議員は、公教育の内容に介入したいグループのメンバーであり、「教育の中立性」あるいは「教育の独立性」を認めない人たちなのである。その論理は「正式の選挙で選ばれた国会議員が、多数によって政権を取ったのだから、政権は自らの政治信条を直接公教育に反映させるため、何をしてもよいはずではないか」というかのごときものである。

みなさんはこの考えをどう受け止められるか。「うん、そうだ！　それで何も悪くはない。」と考えているとしたら、極端な場合、その政権が独裁的になっても、手続きが民主的なものだったらよいのではないか、と考えるだろうか。「民主主義」は「独裁主義」と相容れない政治信条ではないか。

類似の事件を、自民党は二〇一五年に起こしている。沖縄の基地問題に対する新聞報道が、国の方針を批判するものであるのはけしからん、「国の言うことに文句を言ってはいけない」との、「報道の自由」に反する若手政治家の発言が公になり、安倍首相はその発言に陳謝し、「最終的にはわたしの責任」と言って引き取ったが、その後何も責任を取ってきていない（日本経済新聞、二〇一五年七月三日夕刊）。結局、容認しているのである。この場合は「報道の自由」に党内の各派も問題にしたため、大きく取り上げられたが、「教育の中立」については、全体に安倍氏と下村博文元文科大臣を中心とする、その周辺の日本会議に属する、国家主義的な右翼タカ派の存在には、外国よりも日本のジャーナリズムは無警戒であると思う（拙稿「教育と言葉」『神奈川大学評論』第八七号、二〇一七年）。

数年前、エジプトの大統領が正式の選挙で選ばれたあと、その独裁的な政治に対して軍隊がクーデターを起こし、また軍事体制に戻してしまった。そのとき、大統領支持派の人がこう言った。「民主的な手続きで選ばれた大統領なのだから、何をしてもよいではないか」と。わたしはこれを聞いて、「ああ、エジプトの民主主義もまだこの程度なのか」と落胆したことを覚えている。同じことを安倍首相の周辺の、若手の保守派の政治家が平気で言うのである。こうした矛盾を、もっとジャーナリズムは公に問題にすべきであるが、あまり目立たない。「手続き上の民主主義は、政策上の民主主義を保障しない」ということ、そういう例として、公教育に公権力が直接に介入し、本来の教育ではなく、自分たちの思想・信条に合わせて、国民を政治的に教化しようとする動きが挙げられるのである。

文科省は前川前事務次官が、学校の授業で何を話すのかを照会したこの二人の政治家は何をしたかったのだろうか。前川氏は、文科省について「不当な政治的な力から教育現場を守る義務があるが、それを放棄するようなことをした。職員は教育と行政との関係を勉強し直した方がよい。」と批判したとのことだが(同上)、前川氏の方が元来の文部省・文科省の伝統的な原則に則った考えであり、この意味で、今回の政治家に対する若手の文科省の官僚の態度は、極めて問題があると言わなければならない。

政権の質という観点から、教育政策に関わる部分でもっとも注目しなければならないのは、安倍政権を支える右派組織、日本会議である。この会議については、外国のジャーナリストは早くから注目し、安倍政権に強い影響を与える外部勢力として無視できない存在としているにもかかわらず、日本のジャーナリズムは正面からその正体と影響力について、とくにその教育成策について、分析検討を加えているものは少ないように見える。それは、彼らが表に出たがらず、ジャーナリストの取材を受けたがらない秘密主義であるからだといえる。

〈安倍政権を支える「日本会議」という草の根右派組織〉

その名もありきたりな『日本会議』は、日本のもっとも強力なロビー団体のひとつとして、国粋主義的かつ歴史修正的な目標を掲げている。西洋の植民地主義から東アジアを〝解放〟した日本を讃え、再軍備をし、左翼の教師に洗脳された生徒に愛国心を植えつけ、戦前の古き良き時代のように天皇を敬う——。日本会議の支持者たちは、戦後における米国の占領が民主主義をもたらしたと認めず、占領とそこから生まれたリベラルな憲法が日本を弱体化させたと言う。

奇妙なことに、この団体は、日本のメディアの注目をほとんど集めていない。政権の中枢でますます影響力を強めているにもかかわらず——。

（イギリス「エコノミスト」紙、二〇一五年六月六日：青木理『日本会議の正体』平凡社新書より再録）

青木氏は右記の著書で、そのことを指摘しつつ、かなり冷静かつ客観的に分析しているが、それよりも少し前の二〇一六年五月に刊行された菅野完氏の著作『日本会議の研究』（扶桑社）は、同会議関係者から出版差し止めの請求を裁判所に起こされ、却下されている。それほど、自由に分析批判されることを許さないような、自己のみを絶対に正しいとする危険な体質の組織・団体だ、ということである。

そもそも多くの主要なデータを「公表していない」として、その規模・性格・メンバーなどについて、インターネット上の公表部分以外はほとんど隠して憚らない組織・団体なのである。その中心人物は、会議の主だった著名なメンバーではなく、旧学生運動で民族派と呼ばれた、「生長の家」という新興宗教団体に属する、日本の天皇制と民族的伝統を絶対とするグループに属していた人たちである。

この人たちは、今では「生長の家」という宗教団体とは絶縁しているが、「生長の家」の教祖だった谷口雅春の思想（反マルクス主義・日本独自の天皇制の伝統の絶対視が核）を忠実に継承して、神社本庁と結びついて一つの大きな日本会議という圧力団体をつくったのである。この谷口の思想は端的に言って「天皇主権」であり、現在の憲法の「国民主権」を認めないものである。このような主張は、敗戦後の保守党の政治家の中のかなり多数の人に受け入れられてきたものであり、「日本国家の独自性」を絶対視するところからすべてを論じて、あらゆる「日本的なもの」というあいまいなものを、すべてよしとする主張になっている。このような主張を胸に、まじめに、熱心に、右派の政治家の支えとなって、政治活動に取り組んできたのがこの会議なのである。したがって、目下のこの会議の目的は国民主権をうたっている現憲法の改正であり、少しでも天皇の主権を回復することにある。

実際、この会議が過去において運動してきたものは、青木氏によれば、以下のようなものである。

- 自民党の変質を憂う＝自民党新綱領反対運動（一九八五）、昭和天皇在位六〇年奉祝運動（一九八五〜八六）、『新編日本史』編纂運動（同上）、建国記念の日式典の独自制度の開催（一九八八）
- 「伝統に基づく皇室行事を」求める＝昭和天皇死去（一九八九）、今上天皇即位（一九九〇）
- 「新憲法研究会」を組織＝新憲法制定への大綱づくり（一九九一〜）、天皇訪中反対運動（一九九二）
- 謝罪病をいかに治療するか＝戦後五〇年国会決議などへの反対運動（一九九四〜九六）
- 「伝統的家族観」に拘泥＝選択的夫婦別姓制度への反対運動（一九九六〜）、日本会議の設立（一九九七）
- 国旗国歌法の可決で万歳三唱＝国旗国歌法の制定運動（一九九九）、外国人の地方参

政権反対運動（一九九九～）、「二一世紀の日本と憲法」有識者懇談会（＝民間憲法臨調）の設立（二〇〇一）

• 靖国をめぐる動き＝首相の靖国参拝支持と「国立追悼施設」計画への反対運動（二〇〇一～〇二）、靖国神社への二〇万人参拝運動（二〇〇五）

• 渦を巻く教育基本法への憤懣：教育基本法の改正運動（二〇〇〇－〇六）＝「教育基本法の改正は憲法改正の前哨戦」、女系天皇容認の皇室典範改正反対運動（二〇〇五～〇六）

• 「阻止・反対の運動」からの転換＝第一次安倍政権の誕生と改正教育基本法の成立（二〇〇六～）

• 戦後態勢の元凶の打破へ＝①天皇、皇室、天皇制の護持とその崇敬、②現行憲法とそれに象徴される戦後（自由民主主義）体制の打破、③「愛国的」な教育の推進、④「伝統的」な家族観の固守、⑤「自虐的」な歴史観の否定。最終的な目的は「憲法改正」（明治憲法をモデルとする）

（以上、青木、同上書、一六一～二一五頁の要約）

現在はこのような形で安倍政権を支えており、右派勢力の中心的な圧力団体として、背後で精力的に働いている。明らかなことは、「自由民主主義」体制をこわし、「天皇制国家主義」体制をめざしているということであり、もし彼らに主導権を握られれば、わたしたちが自由に政治や国家を批判したり、問題にすることができない、息苦しい国になることであろう。自由民主主義は彼らのそのような主張をする自由を認めているが、国家主義になれば他の立場からの国家への批判の自由は失われるのである。すでにその兆候は、いくつかの右派政治家の、先述の沖縄の新聞による報道の自由を認めない発言や、先の前川前文部事務次官の中学校での授業の内容に対する介入的な発言によって明らかである。これは「国家（時の政府）を絶対視」することから出てくる態度であるが、みなさんはこのような質の政権をどう考えられるか。

四 「学校化する社会」の行き着く先は？

「私は社会に貢献するためにＡＩ技術者を目指して勉強に励みます」

私の郷里の福井市では幕末の志士、橋本左内を見習って数え15歳、つまり中学2年の時に「立志の集い」を行っている。自分自身を見つめ直し、校長先生、先生方、そして全校生徒の前で「自分の将来の人生の誓い」を宣言するのだ。（下略）

（野路国夫・コマツ会長「数え15歳で志を立てる」、日本経済新聞、二〇一八年八月七日、夕刊）

最近の学校でこの種の行事が広まっている。小学校の場合であれば「二分の一成人式」と呼ぶ行事を、一〇歳の四年生のときに行っている学校もかなりある。このような動きは、キャリア教育というものの必要性が強調されて以来、非常に重視されてきた。学校という公教育の場で、このような形でキャリア意識を高めようという方向は、人々が「大人になるための入社式（initiation）」を重視し、過去においては、地域などの私教育の場で行われていたものを、現在では学校で行うようになったのだ、という教育社会学者の主張に一定の根拠を与える。

しかし、現実の学校教育は、けっして十分なキャリア教育を行っていない。それは先にも述べたように親や保護者の関心事が受験教育にあり、子どもの自立には中心的な関心がないからである。それは、進学塾や予備校の人気の高さに現れている。

ここで、キャリア教育とは何か、一般の人にもわかる程度に説明しておこう。文部科学省では、二〇一一(平成二三)年の中央教育審議会答申「今後の学校におけるキャリア教育・職業教育の在り方について」(一月三一日)の定義にほぼ従って、その後の施策を展開してきたので、それをまず見てみよう。それによれば「一人一人の社会的・職業的自立に向け、必要な基盤となる能力や態度を育てることを通して、キャリア発達を促す教育」とされている。

ここで、キャリア発達という言葉も出てきたので、これも明確な意味のものにしなければならない。キャリアとは「人が、生涯の中で様々な役割を果たす過程で、自らの役割の価値や自分と役割との関係を見出していく連なりや積み重ね」を意味する、と先の答申では定義されている。その上で答申は、キャリア発達を、「社会の中で自分の役割を果たしながら、自分らしい生き方を実現していく過程」と規定している。

何ともつかみどころのない定義だが、「発達過程にある子どもたち一人一人が、(発達の)それぞれの段階に応じて、適切に自己と働くこととの関係付けを行い、自立的に自己の人生を方向付けていく過程」、換言すれば「自己の知的、身体的、情緒的、社会的な特徴を一人一人の生き方として統合していく過程」と繰り返し言い直して、説明している。

これまでのキャリア教育の議論を整理しながらわたしなりにまとめると、子どもたちに「職業や勤労に関わる知識や技能を身につけさせ、職業観・勤労観を育てるとともに、体験的な活動を重視して、自己の個性の理解の深化と、主体的な進路選択の能力・態度を育てること」を言うものと考えてよいだろう。

これを小学校から発達的に考えていくと、小学校では学校や学級の中での役割を個々の児童に考えさせ、中学校ではそれに加えて自分の個性を探りつつ、将来の社会的・職業的自立のために、学ぶべきことを自ら選んでいく学習への指導が、キャリア教育であるといえるだろう。したがって、普通教育を行っているうちは、道徳教育や特別活動、総合的な学習の時間などがその目的のために役立つものと見なされており、また高校での専門教育は、職業教育を含めて準備教育をすることが中心となる。

この点については、今でも印象的に頭にはっきり残っているわたし自身の経験がある。まだ名古屋大学に勤めていた頃、学生・院生を連れて、開校して数年目の東京の晴海総合高校を訪問調査したのだが、その際、生徒の何人かにインタヴューをした。すると、その生徒の内の一人で、三年生の女子生徒が次のように言った。

わたしは、この学校は総合学科だから、幅広い分野の専門を選んで学べるのでよいな、と思って入学したのだけれども、入ってみてわかったことは、「選ぶということは捨てるということだ」ということだった。それができないなら、普通科へいけばいいんだよ！

わたしは、あらためてその女子生徒の顔を見つめ直した。たしかに彼女の顔は、普通科の生徒や大学の学生よりも引き締まっているように見えた。いろいろ悩んだ末に多くのものを「捨ててきた」からだと思ったからである。最後の言葉の言外には「捨てることのできない、そうする勇気のない者は、大学まで行って、それだけ長い期間オープンハンドでいられるように、普通科へ行って大学受験をすればよい」、と皮肉を込めて言っているわけである。

当時の普通科の仲間を横目に見ながら、その生徒はその「キャリア意識の未発達」を問題にしていたのだと思う。実際、今の大学生を見ていると、明らかに、何になるために大学に来たのか決めていないで、卒業するまで両手をオープンにしておきたいと思っている学生がかなりいることを実感する。だからこそ先に見たように、経済界の新聞も二人に一人が自分の就職先を決められない、と現在の就活中の学生の状況を嘆いているわけである（日本経済新聞、二〇一三年五月二八日、朝刊）。

逆に言えば、社会人として一人前の日本人に育てるうえで、学校教育は半分の機能しかはたしていないわけであり、はたして教育社会学者の言うような「自立した大人」に、学校は子どもを育てているのか、と強い疑問が生まれても仕方がないであろう。わたしはかつての入社式にみる自立の達成を、学校が自覚的に行っているとは思えない。むしろ、それよりも上級学校への入学・進学準備教育しか行っていない、としか思えないのだ。それを保護者も求めるため、学校の教員も自立させることを忘れて、ただ受験学力をつける、能力・学力を高め育てることしかしていないように見えるのだ。

つまり正規の学校を卒業しなければ社会的に評価されないという「学校化された社会」は、子どもの自立を怠ることにより、その社会の求める能力・学力を育て、その社会体制を維持・強化することに注力するだけで、その社会自体を吟味・改革・発展させる意欲・主体性のない学生しか育てないのではないか、ということである。とくに公教育学校は、公権力がそれを求める場合は、ただそうなるだけでよしとする機能しか果たさないわけである。そうだとすれば、人間を教育するのではなく、教化・訓練するだけの、権力に従順に従う動物を育てるのと同じである。それなら、人間を育てるよりも、その種の能力を具えた人形かロボットを創ったほうが、ずっと効率的になるに違いない。しかし、それでは教育とはいえない。では、その教育はどこで行うのだろう。

家庭・家族の位置づけ

わたしが家庭や家族の子どもにとっての意義や価値を論じようとすると、必ず「それは保守的な考えだ」とする、革新系の進歩的な政治思想をもつ人からの批判が起きる。女性を家庭に縛りつけようとするものであり、前近代的な考えだというのである。しかし、男女の問題としてではなく、家庭や家族の役割は、子どもの側からの視点で、一度よく考えておかねばならない。

そもそも第二次世界大戦終了後のこれまでの家庭・家族は、基本的に戦争が終わるまでの日本が保持していた「家父長を責任者とする大家族主義」を廃し、個人主義を基盤とした個々人の自由意志により構成されるものを理想としてきた。これは一種の反動であったかもしれないが、家父長制大家族主義が天皇制絶対視による家族主義を支えてきたことを考えても、それを廃したことは妥当なことだった。

しかし、これによって家庭・家族は、核家族化による家庭・家族観への転換を経て、家庭・家族の崩壊へ進んできたこともたしかなことである。

たとえば、離婚の件数は今では二二万件（平成二七年度・厚労省調査）、離婚率約三五％で、ここ数年はほぼ高止まり状態といわれている。ただし、これは厳密に言えば、平成二七年度の新婚件数に対して、全年代の離婚件数の割合を示したもので、新婚件数の中の離婚件数とその割合を表したものではない。新婚件数が徐々に減ってきているため、離婚件数が増えていなくても、割合の方は高くなるわけである。

けれども、これを子どもの側から見てみると、日本の子どもは全国的に見た場合、高い割合で「家庭・家族の中で養育される権利を奪われている」ということを意味している。もちろん、子どものいない夫婦は多いわけであるが、子どもを与えられた夫婦、あるいは子どもを育てることを承知で家族の一員とした夫婦は、民法という法律により「子どもを養育する権利と義務」を与えられているのに、それを履行しないでいるということである。

子どもは学校で教師から教えられたいと思っているとともに、まずは親や保護者に育てられたいと思っているものである。これは教師に代えられないかけがえのないものであり、それを経験できないときはどんなにさびしい思いをすることだろう。

そのような観点から言えば、家庭・家族は子どもにとって極めて大切な、養育・教育を保障される場であるにもかかわらず、そのような場所を十分保障されていないという状況なのである。

離婚による片親家庭の増加は、子どもにとってさまざまな教育上の不利益を生んでいる。教育社会学者の志水宏吉氏（大阪大学教授）は、子どもの学力の低さを規定する要因の一つとして「片親家庭であること」を挙げているが（『つながり格差」が学力格差を生む』亜紀書房、二〇一四年）、これは、家庭・家族環境が安定していることが、学習環境の質・勉強への集中・興味の持続などに強く関係していることを示唆している。

ただわたしは、だから昔ながらの「子はかすがい」という、「親は子どものために離婚をするな」といった保守的な考えを押し付けるつもりはまったくない。そういう影響が出ることに留意して、子どもに対して配慮をする必要があるということなのである。離婚をして片親になる要因はいろいろある。とくに経済的困窮や働き過ぎなどによる社会的な要因は、決して無視できない。そのような要因を生み出したり、軽視したりして、その解決・解消に不熱心な社会政策を進めてきた、これまでの保守党政権の責任は極めて大きいものがあると言えるのである。

ところが、これを一方的に親や保護者が悪いとするのが、現在の保守党政権とその背後にいる日本会議などタカ派の政治勢力で、だから以前から、家庭教育支援法案を策定して国家が家庭に介入し、保護者や親を家庭に戻させて国家の意向を反映させるか、「国家に任せたほうが、子どものために平等に養育されるのでよい」といった理屈で、「子どもは国の宝だ」との合言葉を利用して、家庭教育まで公権力に委ねさせようとするわけである。後者に似たような考えは、革新系の政治思想である社会主義にも古くからあって、一見福祉主義的で良さそうに見えるが、たとえば今の中国のように、結局は国家や公権力への疑問を許さず絶対視して、国家や公権力を握っている者に都合のよい人間に育てることを容認しようとする。言ってみれば、子どもは国家や大人の言うがままに動く「人形、ロボットのような道具」とみなされているわけだ。

このような考えは、昭和時代の第二次世界大戦終了までの日本で広く受け入れられた。その結果、国家・軍閥の誤まった指導によって国民は戦争の惨禍にあい、国家・国民として生命・財産等、多くの面で非常な損害を受けた。それなのに、なぜまた国家に子どもを預けようというのか、という思いをわたしは強くもつ。そういう経験を持たない、今の若い世代はもっと歴史から学ばなければならないと思うが、どうか。

むしろ、自分たちの自己教育が可能になるような、安定した家庭・家族の暮らしを保障するよう、政府・公権力に強く求めるべきではないだろうか。家庭教育という私教育の基礎的な場所を、自分たちの市民的自己教育の場として保持することこそ、戦前の反省を生かすことなのである。そのような場づくりは政治家の社会づくりによるものであり、教育者はそのような社会を生むよう、政治家や行政担当者に積極的に求めるべきなのである。それが大人の子どもに対する責任であると言ってよい。

生涯学習とグローバル教育による「私教育」復権

まず、私教育としての家庭教育と生涯学習とグローバル教育を拡充することで公教育の典型を占める、学校の機能を縮小する方向に進めなければならないと思う。

もちろん、先に見てきたように、私立学校をつくることも、公教育に準じることなく、独自の教育を展開するために私教育の一環たる各種学校として創られ、運営されるなら大いに結構である。その可能性があるとすれば、どういう形だろうかと考えたのが、以下のような脱学校化構想である。

類似の構想は、すでにイリッチによって試みられているが、わたしには彼の言う「学習ネットワーク」の具体像がよく分からず、説得的ではないように感じている。そこで、わたしの仮の構想を示してみよう。それは「私教育の再構成・再構造化」である。

まず、国や地方公共団体は、教育内容や教材など、教育の内部に関わる事項にはまったくタッチせず、ただ外部条件たる「物的・経済的支援」を施すことだけに関係を厳密に限定することである。教員養成も大学・大学院の責任として、国は財政的支援をするにとどめることが望ましい。家庭教育がもっとも重要で、公権力側も強い関心を示すものであるが、これについては、自由民主主義政治体制の保持・強化・発展のための政治的教養の基礎だけを、責任をもって親や保護者に求め、独裁政治や国家主義・国権主義を排することだけを条件にすべきである。

ただ、これらのことのほとんどは、日常の生活の中で、大人の行動規範として子どもたちに示されるものとすべきであり、その点ではデューイの「民主主義とは生活様式である」という言葉に典型的に示されていると言えるだろう。

もしそうなっていなかったら、民主主義は危機に陥るのである。最近のポピュリズム（大衆主義・衆愚政治）にみられる自由民主主義国の政治体制は、日本の第一次安倍政権を皮切りに始まったとわたしは見ているが、非常な劣化が見られ、国家・政権に全権委任するような国家主義に流れる国民意識が強まっている。国民主権・主権在民を放棄して、自分で考えて決めない国民に成り下がりつつある。自分たち国民は考えないで楽をしたいので、面倒な政治などは政治家にやってもらえばよい、その代わり彼らに文句は言わない、と本気で考えているかのようである。

このままでは私教育に期待しても無理であるが、国民が自分で考え決めるシステムに変えるには、主権者たる国民としての自覚を高め、一部の政治家にすべてを任せてはならないという認識を持たせる政治的教養を国民に身につけさせ、政治的権利を大切にし、主権在民の原理を、責任を持った国民として遂行する必要がある。それには、現在の家庭や地域での個々の国民の自治的・ボランティア的活動を社会全体が政治的に評価し、その動きを強化するようにしなければならない。

このような認識形成を国民にもたらすためにも、ジャーナリズムの責任が大きいと言わざるを得ない。また政治家には、家庭や地域での大人の活動を評価し促進するよう、社会的・経済的条件を整えて支援する義務がある。

また、生涯学習の進め方については、単に科学技術の進歩や社会システムの急速な変化に対応していくだけの、個人的な能力形成を目的とするだけでなく、自由民主主義の政治体制を健全なものとして維持していくために、絶えざる政治的教養の深まりを経験させるものにすることが必要である。そのための時間や場所の確保と、活動システムの構築が必要であろう。これまでの政治的・文化的支援はそれなりに評価できるが、そこでの自由で、民主的な活動が社会に広がらないのは、そのように閉ざそうとする行政的な制約や規制があるからである。もっとさまざまな活動を広く自由に政治的な活動として認める常識や支援の施策が必要である。

また、従来の社会教育が生涯学習に変わり、単なる成人のそれぞれの働き場所で求められる能力・教養や、ある種の特別の分野の能力・資格を授与するものから、成人が社会に出てからも、とくに長寿社会になり、一生涯にわたり学び続けなければ社会の保持・発展が見込めないということで、種々の社会的要請、主に経済的要請に従って、個人的な学びの機会（場と時間）をつくり、生涯にわたる絶えざる能力の更新を図るものへと変わった。その後はむしろ個々人のその種の必要に応えることばかりに気を取られ、社会全体の維持・発展を保障する政治的教養や市民的意識などの涵養を忘れがちになってしまったように思う。

他方、グローバルな問題の登場により、それに対する教育の必要性も高まっている。環境問題がそのよい例であるが、この種の問題は国境を越えて、各国共通に協力して取り組まなければ、成果が上がらないものであることは明らかである。とくに「地球環境問題」は各国が自国の利害だけを考えていてはまったく何も進まず、共倒れになることが避けられない性質のものである。このことは敬愛する教育学者の上田薫氏がもう一〇年も前に次のように警告している。

私が恐ろしいと思うのは、これまでの予想がほとんどマイナスのかたちで裏切られていることである。(中略)取り返しのつかぬ深刻な流れがかいまみられるのである。海面上昇、異常高温、猛風の続出等々、(中略)われわれの生活構造のみか産業交通を初めとする社会のシステムは、大変容を来たすことを避けられまい。人類はいま核問題、人口問題、民族対立・宗教対立の始末などに直面して、なんの見通しもてぬままいる。かく対応力の乏しいところへ環境よりする大混乱を招いてどう立ち向かえるか、現に人びとはとみに利己に走り、不自由への耐力

に乏しい。国益に固執して世界の利益などよそごとである。（中略）

世界一体化の平和が環境のことに強いられて実現するのはいささかくやしいが、静の典型としかいえぬ軍事の抹殺は得がたくすばらしい。もしそうなれば、明々白々主権国家体制の崩壊だ。その過程はたしかに困難を極めようが、背に腹は変えられぬ。それができなければ、人類はもう終末だ。（下略）

（「環境問題考――人類破滅の哲学」、『思想』誌、二〇〇九年一月号）

だからこそ「公教育」においてだけでも取り上げて、家庭の異なるどの子どもにも共通に認識させておかねばならない。人口問題、資源問題、食糧問題、エネルギー問題、核を中心とする平和問題など、国家主義や国権主義では対応できない、二一世紀に人類が正面から取り組まねばならない重要な問題だと思われる。本当に憂鬱な、完全には解決困難な問題は生んでおいて、あとは知らないとばかりに、それを深刻化させたまま、子どもたちにこの地球を渡していくことは、いかにも無責任な態度であると思う。

「大きな教育」の中の「小さな学校」

私教育の復権をめざして

一　「学校」は「学力形成」を主、「人格形成」を副に

「学校はなにを学ぶところか」

教師の指導活動を通して、子どもは「学校で何かを学ぶ」のである。一体、学校は何を学ぶところであり、子どもはそこで何を学ぶのであろうか。

「教師が学ばせたいもの」と「子どもが学んだもの」との間にズレがあることはよく知られている。このことをどう見るかをも含めて、子どもの最大限の望ましい成長・発達のために、教師は「教育課程」をどうつくり、どう改善していくべきなのか、そのために「教師」自身はどうあらねばならないかを考えていきたい。

（安彦忠彦『改訂版　教育課程編成論』放送大学教育振興会、二〇〇六年）

教育基本法の第一条に教育の目的規定があり、そこに有名な「人格の完成」という言葉が書かれているため、教育の目的と言えば、どんなものでもすべて人格形成のことと考えがちである。他方、また教育とは「能力を引き出すこと」であるという、英語のeducationの語源的な意味も有名で、それが達成されることが最良の教育だ、とも考えられている。しかし、あらためてよく考えてほしい。学校教育はこの二つを正面から目的として行われているであろうか。

たとえば、教師はこの二つの面からその資格や能力を求められているか。人格形成上の条件としては、その人間性、道徳性、性格などが一定の、通常の社会人以上の「教師らしさ」の基準で、採用の可否が決められているだろうか。先述のように、そうではないことは明らかである。もちろん、教員の人間性・人格性が普通の社会人以下では困るから、そのレベルでのチェックはされるが、決して主たる関心事にはならない。そのためか、実際に教員の子どもたちに対する関心事も人格形成ではなく、子どもの自立の達成如何を見ているというよりも、自分の教科のテストの得点や成績に現れる能力・学力の育成の方に主たる関心があり、その点数の上下による順位や序列化に重きを置いているのが普通であろう。

それを助長しているのが親や保護者で、彼らも子どもの自立の度合いよりも、教科の点数やクラス内での成績順位に示された能力の評定の方に関心が強く、何点取ったか、さらにはその点数で何番だったのかと、集団の中でのその順位を、子どもや教師に問うことが日常的になっている。これでは、能力の高さを求める子どもたちの競争心を必要以上にあおり、点数や順位で競争に勝つことが大事なことであり、子どもの成長・発達による自立の達成状況には、思いが及んでいないと言ってよいであろう。子どもたちも当然ながら、勉強への関心や目的が学力競争による勝ち負けに向きがちになり、自分がどれほど一人前に成長したか、大人らしくなったか、自立したかには、無関心になっても不思議はない。

子どもがこのように、自立よりも能力面の競争に目が向くのは、大人のせいであると言って間違いない。子どもはこれによってどれほど「学びがい」を感じなくさせられていることだろう。学校の教育も、教育である限り自立に向けて行われているはずだが、それが、あくまでも建前であって、そんな悠長なことでは済まされないといって、自立よりも競争のために学ばせているのである。では、なぜ学校や教師はそうせざるを得ないというのだろう？

二　「個の確立・個性的自立」をめざすカリキュラムづくり

教育は個人と社会のためであるが、最終的には個人を優先すべきである！

教育は素と是れ個人的にして個々的なる者なりとはわたしの持論です。教師の目前直接の目的物は彼の学生です。故に彼の眼中に其他の目的物を存することは彼の事業を大いに汚すことです。（内村鑑三「英和時事問答（七）・教育」『東京独立雑誌』三六号、一八九九年）

ここで日本近代の思想家、内村鑑三の言葉を出したのは、これが現代の公教育学校の目的とは対極的にあるものだからである。とくに次期学習指導要領は「社会に開かれた教育課程」づくりを標榜して、現在の産業界の求める人材・人財養成に力点をおき、小学校から大学まで、それで一貫させようとしている。そして、それがあたかも当然であるかのように、保護者や親、学校の教員までもが、それを前提に大学進学教育を進めようとしている。それは「社会・経済を豊かにする上で役立つ資質を含む能力」中心の教育であり、「能力をコントロールする自立した個性的資質」中心の人間・

人格育成の教育ではない。

最近、めっきり「一人前の立派な人間になれ」という声を、大人の口から聞くことが少なくなった。大学では、一〇年ぶりぐらいに、「一般教養が大切だ」というような声がまた聞かれ出したが、どちらかというと最近の主要な声は、「グローバル時代に活躍できる、職業人として有能な資質・能力をもつ人材」になれというものである。いわば人物よりも人材（財）を求めるということである。

しかし、立派な人物でなくて有能な人材（財）であれば、社会経済的に問題はないのだろうか。同じ産業界の中にも、そういう経済的な面から見る人的資源の創出ではなく、自立心と多様性という、能力よりも資質重視の考えをもつ人もいるのである。たとえば、もう六年前になるが、あるグローバル企業の社長は、日本経済新聞の新聞広告の中で、全寮制の高校を望んで、次のように言っている。

グローバル人材への第一歩　自立心と多様性を身につけよう

企業はグローバル人材の育成がうまくいかないといいますが、その人材に何を求めているのか、求める人材像を明確にしていないからではないでしょうか。（中略）親元を離れ寮で過ごし、団体生活を送りながら勉強だけでなく礼儀や規律、自立心、コミュニケーション術などを学ぶ学校があります。（中略）こういった環境で自立心を養い、ダイバーシティー（多様性）を身につけることが、グローバル人材の第一歩だといえるでしょう。（オデッセイコミュニケーションズ社長　出張勝也氏インタビュー、日本経済新聞、二〇一二年六月三〇日、朝刊）

ここでは、英語などの語学力や外国人と対等に議論する討論力などの能力ではなく、まず自立心と多様性という資質を身に付けるべきことを強調している。有能さよりも、他者との交流に必要な前提となる、生き方や価値観が重要だと言われているのである。

このような観点からは、人材（財）になる前に、まず人物として他者と望ましい関係に入れるかどうか、わたしの言葉で言えば、「社会的信用」を得られる人間になれるかどうかが問われているのだと思う。どうも、このような観点からの人間形成を、国も保護者も忘れているのではないだろうか。

ここで、自立心と多様性と言われていることは、先の内村鑑三の言葉で言えば、「教育は元来個人的なものである」という考えに通じるものである。つまり、まず自立心とは「個人としての独立心、自立への意思や覚悟」のことであり、そこには他者への依存心からの脱却が必要である。多様性とは「他者の個性の多様性を認め、敬意を払う態度」のことであり、それは他の個人への寛容、他者の自立ないし自由、さらには自他の個性の承認がなければ、その教育が個人的であることはできないからである。

ところが、その部分には目をつぶり、語学力や討論力などの能力を強調する人は、それらが社会的な要請であり、それを身に付けてその要請に応えることが教育であるとしかとらえていないのである。それが公教育ではかなり前面に出てきても仕方がないかもしれない。そのために公教育制度がつくられたのだから。しかし、それだけであれば、教育と言わずに訓練と言ってもよいはずである。

教育基本法がなぜ人格の完成を第一に挙げているのか、よく考えてほしい。「国家・社会の形成者」とすることは第二以下の目的なのである。それも、国家・社会の形成者とは、決して国家・社会の要請に従う者ではなく、逆にその「国家・社会をつくる主権者」の育成なのであり、この主従関係を間違えてはならない。「主権者の育成」だからこそ人格の完成が求められるのであり、社会の要請に従う有能な人材には、その種のものはほとんど求められないのである。

教育一般は公教育と私教育の両方を含む。内村はこの両方の目的を言っているのであり、その意味するところは間違いとは思われない。もちろん社会的要請を無視できるわけではないが、その社会的要請に吟味をかけ、自分でそのうちのどれかを選ぶことのできる人間の形成こそが、真に教育の名に値する営みであり、それはわたしがこれまで個の確立、個性的自立と言ってきたものである。

何よりもまず、「未来の主権者」としての、児童生徒自身の「個人的・個性的な意思・希望・志望」を基礎にして、それに応える教育こそが目指されるべきものであり、それを抜きにしたり、あるいは軽視して社会的要請ばかりを強調することは、児童生徒の主体性を無視したロボット扱い、人形扱いに等しいものである。

繰り返し強調するが、子どもは大人の人形やロボットではない。主体性をもつ一人格なのである。

最近のスポーツ界の親子による関係で、小さいうちから訓練し、世界的な選手になっているのを、TVなどで多くの種目で見させられると、親の願いを従順に受け入れた結果であるように思われるが、一流になった子どもは、ある段階から主体的に取り組むように成長・変容することが共通に見られる。そういう子どもはじつに自立していると感心する。

個人、個性の中の「個」は、「個人主義は悪だ」として利己主義と同一視する俗論で批判されるが、しかしそれは「個」を「私」と不用意に同一視するものである。「個」は集団・共同体を否定せず、前提するものである。否定するのは「私」の方である。たとえば私有地、私物化という言葉は、明らかに集団や共同体を否定するものだが、個人や個性は集団や共同体を念頭におかなければ、そう表現する意味がなくなる。

一度、哲学辞典で「個人主義」という項目を引いてみてほしい。一部の保守的勢力によって、いわゆる「利己主義」と同じものとして批判的に扱われ、マイナス・イメージをもつものとされているが、決して、元の意味ではそうは考えられていない。わたしは、そういう誤解を解くために「集団的個人主義」と、あえて言ってきた。

そう考えると、日本でそのような個の確立、個性的自立をめざす学校教育が、なぜもっと重要視されないのかと不思議に思う。アメリカの教育雑誌を見れば、その中身がすべてよいわけではないが、必ずといってよいほどに、ICTやAIを活用する教育の方法形態が論じられるとき、「個人化学習・個性化学習（personalized learning）」といった方法形態が組み合わされているが、日本の公教育学校ではそういう組み合わせで論じられることは、ほとんどないに等しい。やはり「一斉学習・集団学習」がベターだという暗黙の前提があるようである。

もう数十年前になるが、一学級の児童・生徒数を減らす方向が論じられたころ、電車の車内広告で、ある予備校の生徒募集広告に「丁寧な個別指導を致します」という宣伝文句を見たとき、「ウーン、やられた」と思った。わたしは公教育学校でこそ、個別学習・個別指導を徹底的にやってみるべきだ、と思っていたからである。ところが、国の教育政策は一向にそちらに向かわず、むしろ、少人数指導とか習熟度別指導で済ませる方向に進んだ。日本の教育の伝統として、集団学習ないし一斉授業がベターであることを部分的に認めるが、それで十分成果があがっている、と教員も教育行政担当者も考えていることには大いに疑問がある。

それでは、これからの世界に通用するような個人としての強さをもつ人材、というよりも人物は、容易には育たないであろう。集団のよさを生かしつつ、そのような教育をめざす教育課程・カリキュラムを、わたしの試案としてここに示してみよう。

「子どもの興味・要求の中心の移行による発達段階論」に基づく教育課程の構成

わたしは基本的に、子どもの成長・発達に即した教育課程が望ましいと考えている。じつは教育学の世界では、教育課程を編成する場合、学問的要請、社会的要請、心理的要請の三つの柱で編成すべきである、というのが長い間の通説であった。それが一九七〇年代になると、人間自身を問い直すべき諸問題（原水爆、公害・環境、人口・食糧・資源など）から来る人間的要請という四つ目の柱の重要性が強調され始めた。簡単に説明すれば、わたしたちが学校で学ぶ教科・科目等には、学問的な知識や方法、社会経済的・職業的な知識や技能、学習者の興味・関心、発達や個性に応じた知識・技能、それにくわえて、原水爆に端的に表されているような、人間の生存だけでなく地球の生命全体の存続にかかわる科学技術を作ってしまったことで、人類が責任を負わざるを得ない状況に自らを追い込んだ、「人間とは何ものか」を学ばねばならない、ということである。このような歴史状況は、人類史上これまでにない段階に入ってきている、と考えるべきであろう。

そのことを教育内容として念頭におきつつ、わたしは脳科学の研究成果をベースに、子どもの成長・発達に即した発達段階を考え、「子どもの興味・要求の中心の移行に

		年齢	興味・要求の中心	育成対象
段階	1	誕生〜5歳	運動・動作の模倣・反復	身体的技能と感覚
	2	5歳〜7歳	言語や数の模倣・反復	知的技能と感覚
	3	9歳〜11歳	論理的思考・調査・実験	基本的概念と方法
	4	11歳〜14歳	自己や意味の探求	個性一探求
	5	14歳〜20歳	自己の専門性開発	個性一開発・伸長
	6	20歳以上	自己実現	個性一統合

図6　子どもの成長・発達に即した発達段階

よる発達段階論（Shifting Interest- and Need-Center Theory（SINCT））」を唱えた。これは、ピアジェの認識発達段階論を基礎にして、彼が、その発達段階がなぜ生まれるのかの説明をしなかったことを、脳科学的・生物学的・心理学的に説明を補って構想したものだ。

この発達段階による教育課程の構造は、国の教育行政上の用語として長年使われてきたものとして重要な、「基礎」「基本」「個性」という三つのキーワードを、わたしなりに意味づけを変えて組み合わせたものであり、次のようなものになる。もっとも、これは必ずしも、最近の脳科学の成果のみによるものでなく、むしろ、まずこれまでの心理学的データと教育実践家の経験的事実に依拠して、仮説的に構想したものである。

教育の内容面として、「何を学ぶのか」を、先の三つのキーワードを前提に、わたしなりの「基礎」「基本」「個性」に分けて、発達的に考えたものを要約して示してみよう。

「基礎」とは段階一と二（誕生から九歳ごろまで）の身体的技能・知的技能と感覚を指す。つまり運動技能、言語技能、数の計算技能と基礎感覚たる五感と自然感覚・社会感覚・人間感覚（道徳感覚）を意味する。国語と算数の技能部分を中核に、個別化してでも積み上げ型で「習熟」を目指す教育課程である。国語・算数の他の部分や他の教科は、個性的に遊び・体験を交えて自由に学ばせることでよい。

「基本」とは段階三（九歳ごろから一一歳ごろまで）の基本的概念と方法を指す。つまり生来の素朴概念ではなく、論理的・科学的な概念と、観察・実験・調査などの科学的な方法のことである。その際は右の「基礎」を使って、全教科の中心的な概念を、論理的・科学的な方法で学ぶ螺旋型の教育課程が望ましい。これらの概念は十分な理解を要するので、次元の異なる多様な教材で同じ原理・法則が貫かれていることを実感できるようにする。「個別化」できるものはそうする。各教科等のそれ以外の部分は、理論と体験の往復運動を可能な限り行い、個性的な追究活動を認める。

「個性」とは段階三、四、五（二〇歳ごろまで）の「生来の資質と自我・自己」とその特性・意志・志望・希望・価値観などの独自性・専門性・人間性・人格性を指している。この第三段階は「自我」に目覚め、生来の個性を対象化して吟味し、その吟味の仕方も含めて自分の「個性」を、まず中学校までは「探り」、次にある程度幅を狭めて高校以後でそれを「伸ばす」学習を行う。したがって、小学校高学年から中学校までは「個性を探る選択学習」の場を、高校や大学では「個性を伸ばす選択学習」の場を、設置原理を変えて（中学校は「広く、浅く、多く、短く、軽く」、高校・大学は「狭く、深く、少なく、長く、重く」）教育課程の各教科等（教科外も含む）に設けることが望ましい。「短く」は学期ごとに変更可、「軽く」は選択をミスしても可、「重く」は選択ミスのないようにすること、を意味する。

図7は、まず学校で育てられる能力としての学力を、先の三つのキーワードに応じて三層でとらえ、下から「生活能力」「基礎的学力」「発展的学力」と重層的にとらえられると考えている。そして、それぞれを育てる課程（コース、カリキュラム）を対応させて構成するとともに、中層と上層の二つはそれぞれの性格に応じて、「基礎・基本」は徹底的な習得を期して「個別化」を行い、「個性」は可能な限り伸ばすために「個性化」を図ることを目指す。ただし、この場合、「個人」と「集団」とはもちろん相互不可分なので、時に一人で、時に小グループで、時に全員で、学習の形態を機能的・動的

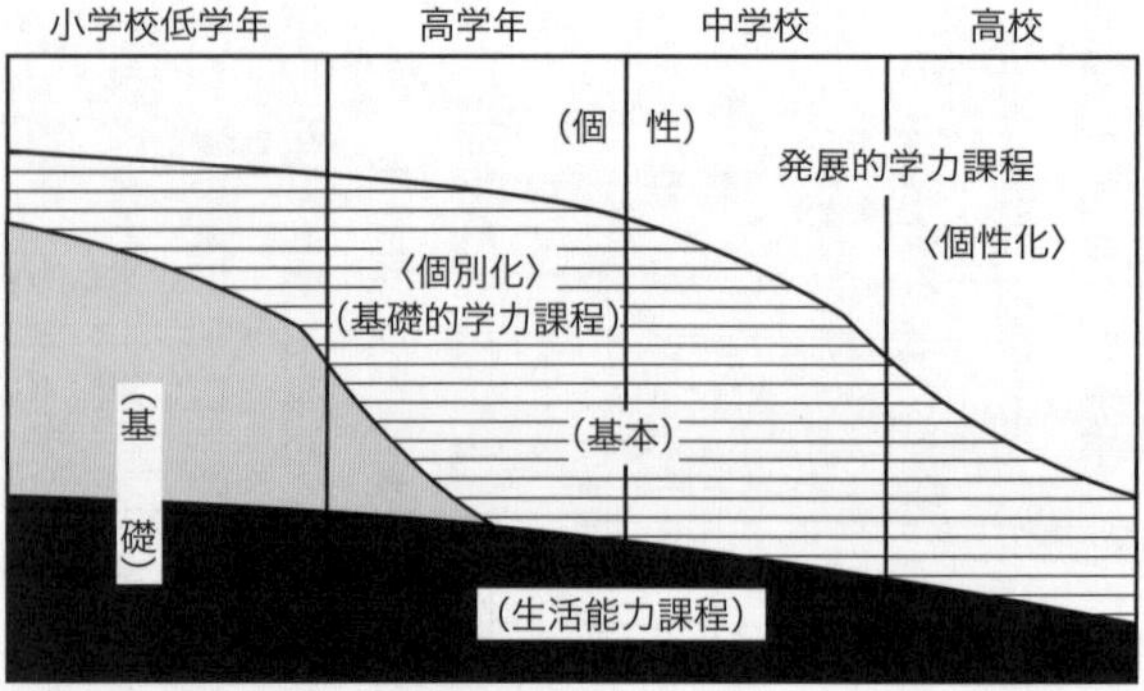

図7　発達段階による教育課程の構造

に組み合わせることとする。また、この三層は相互に浸透したり、影響し合ったりするが、基本的に層構造を成すことは、脳科学的に見てもまず間違いではない。

これが「学力形成」の面から見た教育課程の基本構造である。ところが、教育はまず「人格形成」を行い、その一部として「学力形成」を行うと考えるのが普通である。

しかしこれによって個の確立、個性的自立は実現できるだろうか。問題は、最近の公教育学校が人材（財）養成ばかりをめざしていて、人格の完成という「人物養成」ともいうべき教育固有の観点を忘れている、という点にある。産業界の求める人材（財）養成ならば、かつては教育とは呼ばず、訓練と呼んでいたのである。その端的な例がかつての企業内訓練という言葉である。少し似た言葉で企業内教育という言葉が思い出される。これは先述のように、企業内での単なる技能的な訓練（training）ではなく、教養を含む知的な学びも加えられたため使われるようになった、とわたしは考えている。ところが今はこの種の言葉は、二つともほとんど聞かれなくなった。どこの企業も、自分たち自身で本格的に新入社員を育成する余裕がなくなったので、もうそういうことをしなくなったのである。しかし代わりに、今ではそれを大学を含む公教育学校に直接的に求めているわけである。

教育という言葉は、通常は非常に広義に使われるため、ほとんどその種の活動に対してすべての場合に使われているが、もう少し丁寧に考えて使ってほしい。ただ能力をつける、能力を引き出すだけであれば、訓練やコーチングもそれをしている。でも、狭義の教育固有の部分としてはそれにとどまらず、それ以上のことをする。つまり一人立ちさせること、自立させることである。これは、動物とくに哺乳類などの高等動物に、共通に見られる自然的・社会的な事実であろう。鳥類などにも教育という言葉が適用可能だ。雛を一人立ちさせるまでは、親は本当に熱心に、時には自らの命をかけてまで育てる。巣に戻ってこようとする雛に対しては、暴力的な攻撃までして戻らせない、自立へ向けての厳しい態度をとっている。

ところが、最近の日本の学校の教員や保護者はこの面への意識が低く、学力・能力の形成にばかり目を向けて、人格面での「個としての自立」には留意しない。自立は本来社会的・道徳的な面が強いので、到底学校だけで実現するものではない。とくに生活における自立の達成は、ほとんど家庭がまず責任を負うべきものである。学校との協力・連携は欠かせないが、学校はやや特異な社会だから、家庭や地域社会という通常の社会それ自体に接する機会を得つつ、その自立は達成されるべきである。

この意味で、最近の道徳教育の教科化などにみる学校における徳育の強化の方向は、学校にすべてを任せる方向のもので、本来、すべての責任を負えないものであるのに、何とも無責任な決定である。学校の道徳教育だけで、子どもの人格の完成が可能だろうか。教育基本法の第一条は教育一般の目的であって、学校教育の目的ではない。それは学校教育だけでは、人格形成は完結しないからである。そう考えるのが常識ではないだろうか。ところが、保護者や親は、子どもの教育をすべて学校に任せてしまいたいようである。それは子どもから逃げている態度であり、子どもはそれを知っているのである。子どもは、親が自分を他人や国に任せていると感じて、どんなに寂しい思いをしていることだろう。

学校はまず、知育をするために造られたものであり、だから教科を専門とする教員がそこで働いているのである。教員は人格的・道徳的な資格を問われているわけではない。まったく問われていないわけではないが、主に教科を教える能力があるか否かで、資格の有無や採用の可否が決められているわけである。聖人君子でなければ「教員」になれないなどといったら、学校は成り立たない。そういう学校の勉強を通して上級学校へ進み、学問研究のための論理や原理・方法を身につけ、それを一層深め、進展させるために大学に行くのだろう。大学進学の理由を、就職に有利だからということを主にするようになったら、大学は高等教育機関ではあっても、もう従来の大学ではないというべきであろう。それでよいという時代だとすれば、大学に代わるものを考えねばならない。それが先述の専門職大学だということになると言えよう。しかし、最近の報道では認可されたのはたったの一校だけとのこと、やはりわたしの時期尚早論、が妥当だったと確信した(日本経済新聞、二〇一八年一〇月五日、夕刊)。ただ、今後はわたしにもどうなるかわからない。

三　「学校知」の重要性とその限界　知識・教科と経験・活動の意義

経験・体験の重要性　『特活』世界が注目

「学校の掃除・給食 礼儀養う　昨年度79カ国から視察」学校の掃除や給食など、教科の授業以外の特別活動（特活）が、「tokkatsu（トッカツ）」として海外から注目されている。規律正しさや社会性の育て方を日本に学ぼうと、各国の教育関係者が相次いで視察に訪れている。文部科学省は、特活を含めた日本の教育の「輸出」を準備中だ。

（朝日新聞、二〇一五年一〇月二四日、夕刊）

最近の教育論では、経験・体験の重要性が語られることが多いようである。たしかに、今の子どもたちの生活経験の中身を見ると、自然体験や社会体験が少なく、電子的な情報環境に完全に取り巻かれて、何かを知るということは、ほとんどが情報環境を通しての、間接的で受身のものになっているように思われる。ここで、日本の学校の特別活動について、海外の関心が高まっているのは、それが「教えられて学ぶ活動」ではなく、直接に「子どもたちが自分たちで考え活動する時間」だからだと言われるが、それはまさに、「自分たちの経験・体験となる自治活動」だからこそ価値があるのである。もっとも、掃除や当番が子どもの自発性によるものかといえば、必ずしもそうではない。しかし、その経験・体験活動が、教科と異なる価値や意義を持っていることは、誰もが認めるところである。

このような論じ方は、学校では主に理論的な知ばかりを教えていて、それに躓いた子どもには興味の湧く学習や経験が少ないかのように、批判的に聞こえるかもしれない。そして、それが教科学習であるのに対して、特活などの教科外学習の場も学校にはあって、それが今、海外から注目されているということが、上記の記事に表れている。たとえ、それが社会性や規範意識を育てるうえで効果的だからという理由であるとしても、それは知育ではなく、子どもたちの活動・経験・体験を通しての教育の重要性を示しているからであることは間違いない。

わたしは特別活動については、それが子どもの自治活動の場として重要だと考えてきた。それは、文科省と必ずしも完全に同じ見方ではないかもしれないが、自立に結びつく点では、この特別活動の方がそれに直結すると考えたのである。実際、児童会・生徒会、学校行事・学級行事との関係、日常の係り活動・掃除などの当番など、どれも教科の学習とは異なり、実際に自立の基礎となる自治能力の育成につながる活動・経験であり、その経験・体験はそういう活動への関わり方も含めて子どもたちに大きな影響を与えている。中でも、学校・学級行事の経験・体験やクラブ活動などの経験・体験は、そこで活躍する児童・生徒が、教科学習の場である授業中に活躍する者とは異なることが多く、児童・生徒同士の互いの長所を認め合う場として、大いに勉強になっているといえるであろう。しかし、これは学校の中でなければ経験・体験できないことであろうか。

四　理論知の独自性とその価値

抽象のはしご

（例）牝牛ベッシー＝われわれの経験の「対象」は「物自体」"thing in itself" ではなくて、われわれの神経体系（それは不完全なものだ）とその外側の何かとの相互作用 interaction である。ベッシーは独特である――宇宙内に、あらゆる点でまったく彼女と同様なものは、ほかには無い。けれどわれわれの神経体系は、自動的に「過程ベッシー」から彼女が他の、大きさ、作用、習慣などで似ている動物との点を抽象、すなわち選択して、彼女を「牝牛」として分類 classify する。

だから、われわれが「ベッシーは牝牛である」と言う時、われわれはただ「過程ベッシー」と他の「牝牛」との類似に注目し、差異は無視するのである。その上、われわれは大きな飛躍をしている。力動的な「過程ベッシー」すなわち、電子的化学的神経的出来事の一つの渦巻から、比較的静止した「観念」「概念」あるいは語「牝牛」へ、と。

（S・I・ハヤカワ著、大久保忠利訳『思考と行動における言語』岩波書店、一九五一年）

今の子どもたちの直接的な経験・体験が、全体として少ないのは明らかである。自然体験も社会体験も少なくなっており、日常の生活が人工的・情報工学的・電子工学的な世界に狭められ、そのような情報環境の中に生きていることで、十分満足させられるような仕組みになってきている。実際、電子的なメディアの開発普及は、その種の企業によってそのような方向で精力的に進められ、予想以上の速さで展開している。その典型的な例がＡＩ（人工知能）であろう。

ところで、そのような技術革新の急速な進展は、一〇年先の二〇三〇年にはまた新たな産業革命の時代が来て、一部の学者からは現在の職業の六四%はコンピューターに取って替えられるといわれるほどだが、その社会は人間にとって幸福を感じさせ、未来に希望を与えるものなのだろうか。考えてみれば、この種の技術革新やAIを生み出したのは、わたしたちの経験・体験ではなく、科学的な知識、いわゆる知性や理性によって構築された理論的な知識である。これを教育学の世界では、理論知とか学問知と言ってきた。言ってみれば、日常経験する知識ではなく、観察や実験などの科学的な研究方法によって、理論的・分析的に言語化された、ある種の抽象的・論理的な知識なのである。それを基にして、省力化・効率化・加速化といった、経済性と結びついて出来てきたのが現在の「知識基盤社会」と称されるものであろう。

とくに最近の電子工学的な情報機器は、原子や電子という目に見えない粒子の働きによって働くものなので、これを経験的・体験的に知ることは難しいものである。もちろん、その方面の研究者・技術者は、日常的に接しているものなので、ある種の経験・体験的なものと言えるかもしれないが、そうでないほとんどの人にとっては、具体的に説明できるような経験・体験として情報機器を扱ってはいない。ところが、日常的には、この種の経験の方がほとんどで、自然体験や社会体験は本当にまれになり、少なくなった。もちろん、大都会の真ん中に庭が作られ、木や草花が植えられていて、その種のものを見ることはできるが、それも大部分は人間の手で造られたものである。自然や社会に関わる経験・体験が少ないということは、頭だけを使って、体を使わないということでもある。最近の若い世代が頭でっかちで、直接に人間関係をつくることが苦手、と言われるのもうなずける。

しかし、だからといって経験知・体験知、あるいは臨床知といわれる知識の不足を補う方向で教育を行えばよいのだろうか。それは学校だけでは到底無理なことであり、逆に「学校で理論知を学ばなくて、どこで学べるのか」と反問せざるを得ない。学校でこそ、理論知をよく知っている教員が、その種の理論知を導き出す方法を再現しつつ、子どもたちに正確に、具体物との対比において、深い理解と応用の能力を育てることができるのである。そうでなかったら、学校、さらには教員は、なぜ必要とされるのであろうか。

あらためて、そのようなICTによって構築された情報環境の中にある「学校」と「教員」の役割は何なのだろうか。まずは、やはりそのような情報環境の仕組みを理解するために、必要な「理論知」をしっかり子どもたちに身につけさせねばならないであろう。「経験知・体験知」の方は、この情報環境の中で、学校に来る前の、小さい年齢から「情報環境に対する経験知・体験知」について、個々人によって違うとはいえ、相対的に豊富なものをもっているといえる。実際、本当に「情報環境の経験知・体験知」については、「理論知・学問知」と比べて極めて豊富であると言ってよいだろう。学校や教員はこのような「知」の偏りを正さねばならないのである。そして、その種の「知」を正しく、人間にとって害を生まないように、効果的に活用することができる能力を育てる必要がある。

「デジタル教科書」と「デジタル教材」の問題

学校教育法の一部改正（平成三〇年五月二五日）

小学校、中学校、高等学校等において、検定済教科書の内容を電磁的に記録した「デジタル教科書」がある場合には、教育課程の一部において、教科書の使用義務に関わらず、通常の紙の教科書に代えて「デジタル教科書」を使用できることとする。

ただし、視覚障害、発達障害等の事由により通常の紙の教科書を使用して学習することが困難な児童生徒に対し、文字の拡大や音声読み上げ等により、その学習上の困難の程度を低減させる必要がある場合には、教育課程の全部において、通常の紙の教科書に代えて「デジタル教科書」を使用できることとする。

（学校教育法　第三四条関係）

平成三〇年五月、学校教育法の一部が改正されて、「デジタル教科書」の使用が認められた。紙の検定教科書がタブレットに入れられて、それを通常の紙の教科書の代わりに、一部とはいえ使用してよいというのである。特別支援教育の場では全部紙の教科書の代わりに使ってよいということである。障害に対応して、文字の拡大や音声を活用できる機能が認められたからである。このような情報化の進んだ時代には、ICTを活用した機器や道具を使って、これまで容易ではなかった学習の部分を、従来以上に効果的に学習することができるわけである。ところが、このデジタル教科書は家に持ち帰ってはいけないとのこと、それでは家庭学習や宿題はできないことになる。つまり、デジタル教科書による学校外学習ができない、というわけである。ただし、これは現在のデジタル教科書のほとんどが学校所有のものであって、子ども個人の所有物ではないからで、法律上は持ち帰っても何ら問題はないというのが、文部科学省の見解である。でも、完全に個人所有のものになるのはまだ少し先の話になるようだから、当分、家での使用はできない状況が続く。

これを聞いて、わたしは何とも割り切れない思いがした。子どもが家に帰って勉強しようとしても、デジタル教科書による予習も復習もできないことになる。そこで考えた。日本の義務教育は、就学義務であって教育義務ではない。この二つの違いは単純化していえば、前者は「学校に行くことを義務付け」ているのに対して、後者は「教育さえしているなら教師や場所は誰でもどこでもよい」としているのである。日本とアメリカ合衆国の義務教育制度のもっとも大きな違いは、この点にあると言ってもよいであろう。つまり、日本では「学校に行かなくては」義務教育を終えることはできないが、アメリカの場合は「学校へ行かなくとも」家庭や他の施設で教育がなされるなら、それで終わることができるのである。言ってみれば、学校の内外が問題になるのは日本の方であり、アメリカの場合は、ホーム・スクーリング（家庭学校）という制度があって、そこでの教育も正規のものと認められるのである。

一例を挙げると、わたしが一九八五年に、アメリカのフルブライト委員会の研究留学で滞在したフロリダ州で、何と教育委員会の指導主事に当たる人物が、自分の子どもを公立学校に通わせず、「オールタナティブ・スクール（alternative school）＝代替学校」というものを有志と一緒に立ち上げていたのである。理由は、公立学校は芸術教育が不十分だからだ、というものだった。わたしは驚いて、「教育委員会が、よくあなたのそういう行動を認めましたね。何も文句を言われなかったですか。」と聞くと、「教育委員会は、とくにわたしに何も言ってこないよ」とのこと。わたしは「なぜ、何も言ってこないのですか。」と聞いても、「わからない。」というのである。わたしは自分で少し考えてから、「それは、あなたが子どもを通わせてる代替学校が、公立学校より低レベルの教育をしていても、あなたがそれでもいいというなら、構わないということなのでしょう」と言ったら、「そうかもしれない」と、少しも深刻には考えていないようだった。

このエピソードに見られるように、たとえ公教育であっても親ないし保護者がそれでよいというなら、教育レベルが高かろうが低かろうが、教育委員会は、つまり公的には問題にしない、ということなのである。あくまでも、子どもの側の問題、親や保護者に最終決定権があるということである。日本とはここが違う。日本だったら公立学校に通わせるのが親の義務だ、というとき、それが「国の求めるものだから」という理由が第一に挙げられるだろう。アメリカの場合は、そのような理由は出てこないわけである。親や保護者にそのような決定権があるということで、教員はたとえ不満であっても、親や保護者の意向に従うのが原則なのである。

そういえば、類似のこととして思い出したが、そのときわたしの子どもが、ある優れた先生にバイオリンの稽古をつけてもらうために、毎週一回、学校の授業の最後の一時間を早退して少し遠くの町まで行かねばならなかったとき、わたしは授業担当の先生に「すみませんが、毎週早引けさせていただけますか」と、断られるのを覚悟で尋ねたところ、案に相違して「親御さんがそう言われるのなら、残念ですがやむを得ません。どうぞそうしてください。」と、少なくとも表向きは快く了承してくれた。最近は、日本でもそういう親や保護者がいて、そういう場合に「学校の勉強をどう考えているんだ！」と、時に強い不満顔で言われる教員がいるが、アメリカでは親や保護者の要求の方が優先されるのである。わたしは、日本の学校の教員の態度の方が正しいとは必ずしも思わない。フリースクールなどは、現実的な対応策だとも言えるからである。結局、国の立場から見ると、個々人の親や保護者の勝手で公教育を軽んじているのは怪しからん、ということになるわけで、教員も無意識にその立場に立っている。しかし、教育を子どもの立場から考えれば、そうはならないわけである。

ところで、デジタル教科書の問題、中でも家に持ちかえることができないことについて考えると、学校の内と外の問題なのかな、とも思う。もし、そうであれば、デジタル教科書は学校の「内」のことであるが、デジタル教材であれば、どんなものでも自由につくれて、どんな場所でも使えるはずである。そう考えると、デジタル教材の方の開発が進み、学校外の学習で、義務教育もそれ以上の教育も保障されるならば、何も就学義務を課さなくてもよいわけである。また、経験・体験との密接な関連付けも、学校の外の方が容易であるように思われる。その意味では、この種のICTやAIなどの電子化が社会的に進み、学校外の教育が大きく進展していく状況においては、学校内での学習に興味を示さない子どもの姿に、子どもにその責めを負わすのは酷ではないか、とも思う。つまり、学校外の学習を義務教育の場合でも認める原則に変えるならば、私教育の場に公教育（の一部）を取り込む方向なので、公権力の介入の危険から免れる部分が増えるといえる。そして公教育の担当部分は基礎的なもの（例：読み書き計算と自由民主主義の基礎的理解と持続可能な環境教育）に縮小して、その責任部分を主に非政治的なものに限定し、かつ明確にするのである。

こう考えると、就学義務は公教育を私教育と区別して、確実かつ厳密に実行しようとするものであり、教育義務は公教育を私教育と同じものとみて、親や保護者の意向を優先するものだと言えよう。前者の方が責任ある態度であるかのようだが、むしろ、公権力の教育支配を確実にしようという政治家には、前者が都合のよい制度だと言ってよいであろう。わたしは、公権力の直接的な教育支配を認めることは、福祉主義の装いを取って、国家主義や社会主義・全体主義などの、政治的な思想教化に利用される危険が大きいので慎重論者である。みなさんは、どう思われるだろうか。

五　愛国心教育と外国人子弟・留学生の教育

福祉主義か国家主義・全体主義かの見極めを!

公教育とは、国や社会のためにあるのでしょうか、それとも、一人ひとりの個人のためにあるのでしょうか?さらにいえば、「個人のためか、それとも国や社会のためか」ということは、本当に二者択一で問うべきことなのでしょうか。社会や国とは、本当は抽象的な概念ではなく、一人ひとりの個性ある人間が構成している実体のあるものです。それならば、そこにいる個々人が、最大限の能力を開花させることができ、幸福を追い求める自由を保障されている時にこそ、社会や国はもっとも持続的で、もっとも意味のある発展をし続けることができるはずです。

（リヒテルズ直子×苫野一徳共著『公教育をイチから考えよう』日本評論社、二〇一六年）

教育を「公・私」に分けることの非現実性を理由に、わたしの主張を一笑に付す人が多いが、たしかに、現状の政治情勢をそのままにしては、この主張はほとんど意味がない。だからわたしは、むしろ、教育よりも政治・経済・社会の方を先決問題として、問題提起しているのである。それが非現実的だというなら、公教育は変わりようがない。なぜなら、公教育を支えるのは公権力である政府・文部科学大臣を構成する政治家たちであり、それを選挙によって選ぶのが、わたしたち国民だからである。公教育を決めるのは、政治であり政治家であること、そして彼らを選ぶのは、主権者たるわたしたち国民であることをあらためて自覚する必要がある。わたしたちの政治意識こそが問われているのである。もし公教育をそのような国民の政治意識に沿って構築するなら、それは国民の政治意識によってその質を変えることができるのである。

では、公教育をどうすれば望ましいものに変えられるのだろうか。先にも述べたが、公教育には大別して二つのタイプがある。一つは福祉主義・個人主義的な原理に則ったものであり、もう一つは国家主義・全体主義的な原理に則ったものである。見かけはほとんど同じく、誰に対しても平等な教育を保障するが、めざしている狙いが違う。前者は個人の幸福を第一に考えているが、後者は国家・民族の繁栄を第一に考えている。後者の中に現在の社会主義の国の公教育も含まれる。前者は国家・民族の枠を超えることができるが、後者にはそれができない。したがって、それぞれの公教育の中身の質が違ってくる。

- 福祉主義・個人主義の公教育＝個々人の幸福のために役立つ教育を第一と考え、そのためには、個々人の個性に応じて多様な内容の選択学習を認めるとともに、子どもたち全員に共通の内容はできるだけ少なくする、というもの。高校などでの午後の授業などは、生徒各自の自由な学習として、個性・個人差に応じて個別・多様に進められるとよい。

●国家主義・全体主義の公教育＝国家ないし民族全体の繁栄のための教育を第一と考え、そのためには、個々人は可能な限り国家的要請ないし民族の繁栄のために最低限の共通教養の修得を厳しく求められるとともに、思想強化の徹底を図り、個々人の自由選択的な学習は抑制される。現在の主な社会主義国の教育はほぼこれに近いといえる。

たとえば、愛国心教育について考えてみると、表面上の制度的類似性（無償制など）はあるが、その違いがよくわかる。福祉主義の場合は、個々人の幸福追求の権利を最大限認めるために無償制にしたのだが、国家主義の国の場合は、国家の要請に従順に従わせるために無償制にしたのであり、その愛国心は国の求めるものだけの一つであって、個々人によって愛国心が自由であり、異なるなどということを許さないのが普通である。

その意味では愛国心教育は、国家主義の国になると、一つの国の愛し方しか認めず、それも国の示したものしか認めず、個人的な他の愛し方・他の愛国心を認めないのが通例である。

わたしは自由民主主義国の愛国心について、あるアメリカ映画の一シーンを思い出す。それは、第二次世界大戦のときの日本との戦争で、志願兵として飛行機に乗り、これから出撃するというときに発した若い青年の言葉である。彼は、こう言った。「僕は、僕の自由をこれほどまで認めてくれたこの国を、命がけで愛する。」

この言葉を聞いたとき、わたしは「なるほど、さすがアメリカだな。これでは日本が負けたのも当然だ！」と思った。こう言わせた映画監督や脚本家の思想に、自由主義の成熟したものを感じたのである。このとき日本は、国家主義・軍国主義の立場から「我が大日本帝国のために、天皇陛下のために、最後の一兵に至るまで戦う！」という愛国心を、国民全体に教え込んでいた。その結果、特攻隊のような、命を捨てても国や民族を守るという、現在のイスラム原理主義者の自爆行為と同じことが、国を挙げてもてはやされていた。考えてみればおかしなことで、最後の一人になっても死を賭して戦うというのは、国民が一人もいなくなっても、国家や民族が守られて残ると信じていたということである。

当時の指導者層の中にも、これに反対する人がいたようだが、「国民のいない国家や民族」などというものはありえない。裸の王様がいるだけで、他の国民全員が死んでしまうという国、このような不合理なことを疑問に思わない、思わせないのが、国家主義・全体主義の国なのである。国家や全体は、国民や個々人がいてこそ成り立つものであることを忘れているのである。自由民主主義の国の愛国心は、先の「個々人の多様な愛国心を認める」ものでなければならないであろう。それが、あの映画のアメリカ青年の言葉になって表れているのである。

先にわたしは「集団的個人主義者」だと述べた。この意味で、個人は集団と、国民は国家と不即不離の関係にあるのである。個人主義あるいは国家主義というと、主義という語尾が災いして、理解がどちらかに偏りがちだが、両方が成り立たない主義は、ただの観念的で有害無益の思想だと言ってよいであろう。

「文化的に開かれた」日本における外国人留学生の扱い

「クリスマスと正月が同居する日本」に世界の宗教家が注目！

「寛容の精神に見る、宗教の本質とは」日本人の宗教観は、非常に独特なものがあります。たとえば多くの日本人は、キリストの誕生日であるクリスマスをお祝いし、年末にはお寺で除夜の鐘を聞いて、そしてお正月には神社に初詣に行きます。日本以外の方からは、なんて節操の無いといわれることもあるんですけれど。しかしここ日本ではこういった宗教の寛容性というのは一般的です。（中略）ですから、日本人の宗教観というのはBelieve in somethingではなくて、Respect for somethingもしくはRespect for others、こういうスタイルが日本人の宗教観です。（中略）宗教の本質は盲目的にひとつのものを信じることではありません。世界にはたくさんの人がいて、それぞれ皆さん感謝の気持ちを持って、安心感を得て、そして自分の人生を全うする、その助けを提供するのがこの宗教の役割です。

（松山大耕「日本人の独特な宗教観について」https://logmi.jp/34073）

これは、世界的にも活躍している、ある日本人の仏教の僧侶が述べている宗教観だが、そうだとすれば、たしかに独特であって、外国で他の宗教を信じている人には、表向きには同意しても、「え、それが日本人の宗教のとらえ方なの？」と危ぶんでいるに違いない。多くの宗教はそれとは違うからである。他者への尊敬は、キリスト教徒にも、イスラム教徒にもあるが、異なるのはみなそれとともに自分の信じる宗教の、自分にとっての絶対性は捨てていない、ということである。日本人にそういうものがないとすれば、それは宗教とは呼ばず、単なる見方・考え方、哲学・思想だとされるであろう。

わたしは、多くの日本人がよく口にする「日本（人）は、宗教的には寛容だ！」という考えには賛成できない。若い世代はもう、かなり非宗教的で無信仰な、特定の宗教を信じないのみでなく、宗教一般に対してあまり信じない方がよいものといった、警戒的な態度をとる人が多いように思う。しかし、世界にはイスラム教徒のように、本当に特定の宗教を絶対視し、信仰を持たない人を不思議とさえ思う人が数十億人もいる。日本人のように、特定の宗教を信じないで、よく言われるように「生まれたときは神社に参詣し、結婚式は教会で行い、死んだときは仏教で葬式をする」という信じ方は、世界の大部分の人には理解しにくい言動のようである。つまり、今までよく言われてきた「ご利益《りやく》宗教」的な信仰、自分たちに現世でご利益があるように願って、そういうことがなければ信じない、いわば自分に利益があるか否かによって、信じたり信じなかったりする信じ方だということだ。ご利益というのは、上述の僧侶の松山大耕氏の言葉では、安心感を得ることだとされる。

ところが、大部分の世界的な宗教は、ご利益があるか否かに関係なく、万物の創造と歴史、そしてその調和・平和を司っている、人間にとっての善も悪も、ともに自らの手のうちに握っている絶対的な存在（神や仏と言われる）を信じるものである。しかもそれは人種や民族、国家や人類をも超える、宇宙的・普遍的な絶対者として信じられているものなので、日本人が、自分の都合や利益によって信じたり信じなかったりするものではない。だから、そういう日本人がイスラム教徒やキリスト教徒に出会うと、「何でそんなに神様のことでこだわるの？」と疑問に思うことが多いわけである。

むしろ日本人は「神様に従うことよりも、自分たちとうまく付き合ってくれればよいのに」と思っていて、「信じ方はいい加減がよい」と言っている場合が普通ではないだろうか。その意味では、最近の日本人論の多くが一神教批判をして、「だから宗教戦争になる」というが、それでは日本人は戦争をしなかったかといえば、実際には戦争をしたわけである。日本史を見ても世界史を見ても、日本人であっても戦争をしたのである。ただ、その時は天皇か将軍を絶対視することによって戦争をした場合が多く、ある意味で一神教的な信仰をいだいていたといえよう。しかし、そういう観点から言えば、宗教ではなく政治的な権威の方が、日本人にとっては重みがあって、その裏づけとして宗教が利用されていたに過ぎないようにも見える。日本人は、どこかで宗教には冷めたところがあり、その意味では、むしろ日本人という人間の方を最重視し、絶対とする信仰、といってよいかもしれない。これを日本人独自の宗教観だといっても、世界の人々は、松山氏が望むような方向を受け容れることはないであろう。他者への尊敬というだけなら、神や仏を信じなくても通常は可能だからである。

「政治」・「宗教」の扱い

ともあれ、外国人観光客や外国人留学生を多数受け容れようとすれば、彼らの信仰を尊重し、その信仰上の言動は、可能な限り認めるべきである。その意味では、日本人の寛容さを、多神教を信じているから寛容なのだとする素朴な見方をやめて、彼らの宗教的言動をきちんと保障するような、厳密な意味で寛容な態度や制度を確立し、実行できなければならない。「まあ、あまりうるさいことを言わず、郷に入りては郷に従えだろう」などといって、自分たちの寺社の行事などに参加しないとダメな外国人だ、と噂するようでは、本当に寛容な態度であるとはいえない。むしろ「うるさいことを言わずに何でも一緒にやらないのは怪しからん」といって、昔風にいえば村八分にされるような外国人や留学生が出ないように、地域社会の日本人に徹底すべきでである。

今でも地方に行くと、地域の自治会が、地元の神社の氏子組織と分離せずに組織されたりしているのは、まさにいい加減さが行政組織にも残っている好例である。その意味では、これではまたいつか政治的・行政的にこの宗教組織が利用されて、国民が政府に従属させられることになるかもしれない。これは主権在民の現憲法に沿うものではなく、自民党改憲論者の多くが主張する、「主権が国家にある」という主権国家論に道を開くことになるであろう。

けれども、これでは外国人や留学生は日本に気持よくやってくることはないと思われる。日本人は本当の意味で宗教的寛容を身につけ、外国人の信教の自由を正面から認め、それを政治的な世界に結び付けて、その自由を妨げることのないように、明確な自覚と制度の運営を行う必要がある。政治的には国際化に伴って、大分その方向に進んできたが、公教育も私教育もともに、この意味での宗教的寛容をしっかり子どもたちに教えておかねばならない。宗教に関する一般的教養が改正教育基本法に明記されたことは、このような方向でこそ生かされるのではないだろうか。

こうして、社会全体が教育のみでなく、文化的・宗教的にも世界に開かれ、日本の文化・宗教等の独自性も絶対視せずに主張しつつ、他国の文化・宗教も尊重し、対等平等な関係で交流し合うことができる日本になることが、公教育も私教育も健全なものに保たれる条件なのである。自国の利益ばかりを主張する風潮が今や世界的なものになっているが、そういう流れは、わたしには、まず日本の第一次安倍政権が最初に作り出したように思われる。かつてその安倍政権が国家主義的な政策を打ち出し、とくに現政権では公教育において教育勅語を教材として教えてよい、と閣議決定したことは忘れられない。その内容が普遍的であるからというのが理由だったが、むしろ教育勅語が天皇制国家主義の象徴であったことの方が重要である。公教育が時の公権力の自由にされるようであれば、福祉主義ではなく国家主義の方に向くことになる、というのが歴史の示すところである。みなさんはどう考えられるか。

以上のように考えてくると、日本の公教育は福祉主義から容易に国家主義に変質させられ、気がついたら自分たち国民が主人公ではなく、政府・産業界に従順に従う人材として扱われている、とわかるであろう。本来は、自立した国民として、政府や産業界のあり方を決定する主権者として教育されるべきなのに、そうはしようとしない性質を持ちうるのが公教育なのである。そこで、その方向に導くために利用される恐れの強い公教育に何もかも依存するという態度をあらため、自分たち自身が家庭や地域・職場などで行う自己教育すなわち私教育の場を生み出し拡張し、公教育の場は可能な限り最小限のものにする方向を探るべきである。

実際、それが情報環境の拡大やデジタル教材などの電子的材料の普及によって、学校の外での学習が容易になり、徐々に拡大している。たとえば、最近の通信制の高校や大学の質の向上に伴う、その入学者の増加がよい例ではないだろうか。このようにして、技術革新によって社会全体の教育機能を高める方策で、私教育の場を増やし、公教育の場である学校などでの教育機能を縮小することができれば、公教育が国民主権の憲法下にある限り、就学義務よりは教育義務の方が国家主義・全体主義に変質する危険は少ないと思う。大きな社会による教育と小さな学校による教育、あるいは私教育の最大化・公教育の最小化が、持続的で創造的な社会と個人の相即的発展を生み出すもっとも望ましい姿だと思っている。そういう方向に向けての政治・政策を進める国民の育成こそが、政治家に求められる基本的な姿勢ではないかと思う。この意味で、まずは政治の転換を求める国民の意識を醸成せねばならない。

以上のように述べてきたが、みなさんはわたしの教育に対する考えをどう思われるだろうか。とくに、現憲法下の自由民主主義国である日本という国の公教育と私教育を考えるとき、わたしの望ましい教育観は以下のような、いくつかの信条から成り立っている。みなさんは、こういう信条・信念を自らお持ちだろうか。

〈わたしの教育信条＝五カ条〉

①わたしは「自由民主主義」の立場に立つ。ただし、現実の自由民主主義が絶対だとはまったく考えていない。基礎的部分に平等を保障する、修正した自由民主主義が必要である。

②わたしは「集団的個人主義」の立場に立つ。ただし、個人主義を「利己主義」と

同一視しない。「個人・個性」は集団を否定するのでなく、前提にしてこそ成り立つ。

③わたしは「子ども」の立場に立つ。ただし、すべてを「子どもから」出発させる「児童中心主義」とは異なり、大人の役割を認め、子どもを絶対視するという考えには立たない。

④わたしの「自由主義」は、以下の五つの「自由」の原則から成る。

一　真理は汝に自由を得さすべし。（新約聖書、ヨハネ福音書）

二　わたしは君の意見に賛成できないが、君のその意見を述べる自由は命がけで守る。（ヴォルテール）

三　僕は、僕の自由をこれほどまで認めてくれたこの国を、命をかけて愛する。（アメリカ映画で、太平洋戦争中、志願兵として出撃するときに言った米国の若者の言葉）

四　自分の考えを絶対化して言う人に対しては、わたしは断固としてNo!という。（わたしの側の思想と言論の自由を守るための原則。ヘーゲルの「自由の相互承認」に通じる）

五　「子どもの未来決定の自由＝自立」こそ、「教育」固有の守るべき価値である。（「出藍の誉れ」という故事成語に通じる、国の「未来の主権者」としての子どもの権利の保障）

⑤わたしにとり「民主主義」はベターな価値に過ぎず、無条件に絶対のものではな

い。（衆愚政治や独裁政治を生む、大衆民主主義に陥る危険を回避する政治的教養教育が常に必要。拙著『「教育」の常識・非常識』学文社、二〇一〇年で提示したものを修正付加）

わたしは、このような原則の下に公教育も私教育も、教育一般を吟味する姿勢を保ってきた。これは「学ぶ者の自由」を確保するためであり、学ぶ者が本当に自立するために必要不可欠の条件だからである。

ただし、わたしの考えるところでは、本当の問題はこの先にある。人間が本当に自立するためには、周囲の他者のすべてから離れなければならないのかどうかだ。子どもが自立するには親・保護者への依存を絶たなければならないが、じつは事実上、周囲のすべてから完全に依存を絶つことなどできない。むしろ、人間は社会的動物であり、集団から離れては生きていけない。その意味で依存性は決して無くならないのだ。そう考えると、自立は依存性の発達の健全な最終形態と見なければならない。

依存性を、直接的なものから間接的なものへ、一つの対象から複数の対象へ、具体的なものから抽象的なものへ、事柄によって依存対象を使い分けることができるように、発達させることなのだといえるだろう（高橋恵子「依存性の発達」、『現代のエスプリ』第四三号、一九七〇年）。そして最後は、自分にとって何が本当に依存できる対象なのか、を確実に見出すことが生涯の課題となることだろう。そのような絶対的な依存対象なくして、真の自立はできないからである。

時代が進み、世界が広がり、地球が変わっていく現代にあっては、「人間の生き方・在り方」が地球的規模で、地球上のあらゆる生物・非生物の持続的な環境の保持・保全に直結し、その生存残存の条件を規定するものになっている。現在は、国家や民族を単位としてその利害関係が第一の関心事になっているが、そのようなことをしているうちに、人類全体が足元を救われるような深刻な事態に直面することは、ほぼ明らかだ。科学技術やグローバル経済の急激な進展や変容によって、そのような事態が乗り越えられるのかどうか、正面からすべての国の人間が考えねばならない時代に入ってきつつある。民主主義が大衆主義（populism）や衆愚政治に堕して行き、人々が短期的な豊かさや効率、強さのみを求める政治・経済に夢中になっていく狭隘な視野しか持たないならば、遠からず人類は滅びることになると思われる。

若い世代が、地球環境問題を正面から受け止め、その種の科学技術や文化を促進させ、ＡＩやＩＣＴなどの情報環境を活用して、国境を越えた協調の動きを始めているが、それが偏狭な国家主義・民族主義を克服、圧倒して、わたしたち人類共通の生き方・在り方を第一とする世界に一日も早くなってほしいと願っている。わたしたちはみんな「宇宙船・地球号」の乗組員であり、やや古風にいえば「地球に生きる運命共同体」であることを、厳然たる事実として受け止めなければならない。地球人・地球市民として自覚するときが既に来ていることを、すべての国の人が悟ることを心から願う。

本書の刊行には、左右社の方々、特に守屋佳奈子氏に大変お世話になった。わたしの放送大学でのテキスト『教育課程編成論』やその改訂版をもとにそれを発展させて、このような形でわたしの教育論を世に出してくださった、放送大学関係者と左右社の編集部に厚く御礼申し上げる。あらためて「教育」固有の意義や価値について、一人でも多くの人が真剣に考えてくださるよう願っている。

二〇一九年二月一七日　喜寿の祝いを一カ月後に控えて

安彦忠彦

創刊の辞

この叢書は、これまでに放送大学の授業で用いられた印刷教材つまりテキストの一部を、再録する形で作成されたものである。一旦作成されたテキストは、これを用いて同時に放映されるテレビ、ラジオ（一部インターネット）の放送教材が一般に四年間で閉講される関係で、やはり四年間でその使命を終える仕組みになっている。使命を終えたテキストは、それ以後世の中に登場することはない。これでは、あまりにもったいないという声が、近年、大学の内外で起こってきた。というのも放送大学のテキストは、関係する教員がその優れた研究業績を基に時間とエネルギーをかけ、文字通り精魂をこめ執筆したものだからである。これらのテキストの中には、世間で出版業界によって刊行されている新書、叢書の類と比較して遜色のない、否それを凌駕する内容のものが数多あると自負している。本叢書が豊かな文化的教養の書として、多数の読者に迎えられることを切望してやまない。

二〇〇九年二月

放送大学長　石　弘光

放送大学

学びたい人すべてに開かれた
遠隔教育の大学

〒261-8586 千葉市美浜区若葉2-11
Tel: 043-276-5111　Fax: 043-297-2781　www.ouj.ac.jp

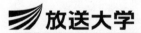

安彦 忠彦（あびこ・ただひこ）
専門はカリキュラム学・教育課程論を中心に、教育方法、教育評価。著書に『よくわかる教育学原論』（共編著、ミネルヴァ書房）、『「コンピテンシー・ベース」を超える授業づくり』（図書文化社）、『最新教育原理』（編著、勁草書房）、『「教育」の常識・非常識―公教育と私教育をめぐって』（学文社）、『新版カリキュラム研究入門』（編著、勁草書房）など。

1942年　東京都生まれ
64年　東京大学教育学部学校教育学科卒業
68年　同大学大学院教育学研究科博士課程中退、大阪大学文学部教育学科助手
71年　愛知教育大学教育学部　専任講師
80年　名古屋大学教育学部教育学科　助教授
88年　同大学　教授。その後、同附属中・高校長、教育学部長を併任
2002年　早稲田大学教育学部特任教授
現在　名古屋大学名誉教授、神奈川大学特別招聘教授

シリーズ企画：放送大学

私教育再生　すべての大人にできること

2019年3月15日　第一刷発行

著者　安彦忠彦

発行者　小柳学

発行所　株式会社左右社
〒150-0002 東京都渋谷区渋谷2-7-6-502
Tel: 03-3486-6583　Fax: 03-3486-6584
http://www.sayusha.com

装幀　松田行正十杉本聖士

印刷・製本　創栄図書印刷株式会社

Printed in Japan ISBN978-4-86528-222-1

放送大学叢書

教育の方法

佐藤学　定価一五二四円+税〈一〇刷〉

よい学校とは、問題のない学校ではない。問題を共有している学校である——。さまざまな教育問題に対する教師の基本的なスタンスを伝えるロングセラー。「学びの共同体」を提唱する著者が学校の未来を考える。

学びの心理学　授業をデザインする

秋田喜代美　定価一六〇〇円＋税〈三刷〉

教師とは子供の成長を幸せに感じ、そのことで自らも成長できる専門家のことである。教育が批判される困難のなかで、教師と生徒が信頼関係を築くにはどのような視点と活動が必要なのか。

道徳教育の方法　理論と実践

林泰成　定価一七〇〇円＋税

授業をどう作るか？　どう評価するか？　道徳教育の理論・方法・周辺をニュートラルかつ具体的に解説。

二〇一八年四月小学校、二〇一九年四月中学校で道徳の教科化がスタート。教科化対応授業の指導案掲載！

地域教育再生プロジェクト　家庭・学校と地域社会

岡崎友典　定価一七〇〇円＋税

核家族化、少子高齢化、過疎過密化により、地域社会は失われてきた。教育を武器に地域社会を再生することはできるだろうか。明治時代から今までの社会変化を見通したうえで、教育実践18例を検証する一冊！

自己を見つめる

渡邊二郎　定価一六一九円＋税〈四刷〉

空前の人気授業を書籍化。「人間の人格とは、この自由と運命との相克と葛藤のうちで初めて、育成され、磨き上げられ、成立するものである。挑戦や格闘、努力や精進のないところには、人格は形成されない」など名言多数。「この授業のおかげでいまの私の人生がある」と言われる名著。佐藤康邦氏、榊原哲也氏の解説付き。